マネジメントテキスト

"質創造"マネジメント

TQMの構築による持続的成長の実現

[監修] 古谷 健夫
[編] 中部品質管理協会

日科技連

TQM (Total Quality Management) は
組織を鍛え、人を育て、モノづくりの心を育てる
「産業人の指針」です

トヨタ自動車㈱名誉会長
豊田 章一郎

はじめに

「マネジメントとは何か？」と問われて、何と答えるだろうか。多くの企業経営者や経営幹部にとって、この問い掛けに答えることは簡単ではない。

世の中にはマネジメントに関する書籍や情報が氾濫している。ドラッカーを持ち出すまでもなく、どれもすぐに役立つと思われる内容が満載である。しかし、それらを勉強したときには、「確かにそのとおりだ」と納得するのだが、少し時間が経つと、何も残っていないことに気づかされる。いくら勉強しても、会社や職場が変わったという実感が伴わないからである。いつまでたっても「儲からない」「赤字になってしまう」「人材がいない」「職場に元気がない」といった、困り事、悩み事は尽きない。

どうしてこうなってしまうのだろうか？

この答えを見つけるために、本書は2つのアプローチから迫っている。一つめは、理論的なアプローチである。日本にマネジメントの概念がまとまって持ち込まれたのは、第二次世界大戦後のGHQをとおしてだといわれている。その一連の流れのなかに、有名なデミング博士の名前もある。日本の高度経済成長を支えてきたのが米国からもたらされたマネジメントの考え方であり、この理解と実践のための努力が日本の品質を高め、今日の繁栄につながったのである。

しかし、日本製品の品質が際立って良くなったがゆえに、大量生産の時代を経て、いつの間にか「品質(Quality) = 製品品質」というイメージが定着してしまった。もともとはマネジメントをしっかり行うことで、品質が良くなるということが前提だったにもかかわらず、「品質」は製造業のもの、生産現場のものとなってしまったのである。一方、1980年代に米国で生まれたマルコム・ボルドリッジ国家品質賞のQualityはすべての品質を対象としている。製造業はもちろんのこと、サービス業、学校、病院、官公庁など、あらゆる組織に適用され、それぞれのマネジメントを充実させたことで、80年代以降における

はじめに

米国の競争力回復の原動力となっていったのである。

　日本の「マネジメントの理解と実践」の歴史を振り返ると、さまざまな機関が介在していたことで、統一された活動とはならなかった。日本科学技術連盟、日本規格協会、日本品質管理学会、経営品質協議会、日本能率協会など、多数の機関がそれぞれの特色を活かして活動してきた。いずれも戦後の日本の発展に大きく貢献したことは間違いないが、今まで、マネジメントに関する基本的な考え方の外部への発信については、共通点や相違点などがあまり明確にされてこなかった。そのため、出所は同じだったにもかかわらず、受取側である企業の立場からすると、わかりにくいものとなってしまったのである。

　中部品質管理協会は、40年余の歴史があるが、主に統計的品質管理(Statistical Quality Control、SQC)のセミナーを中心に活動している。SQCは科学的方法論でもあるため、理論もしっかりしていて、テキストもほぼ完備されている。一方、マネジメント関係のセミナーについても開催してきたが、こちらは統一されたテキストはなく、講師が自らの経験にもとづいて作成したテキストを使用している。マネジメントの全体像を解説した企業向けのテキストを探すことは非常に困難なのである。

　2011年から中部品質管理協会では、企画委員会を中心に企業経営の目指す姿について、原点に立ち返って検討を行ってきた。その結果、主に企業の立場から、企業が持続的に成長していくために必要となる要素をある程度、整理することができた。本書では、目指す姿の全体像を"質創造"と呼ぶ。「マネジメントとは何か？」に対する一つの答えを導き出すことができたと思っている。

　二つめのアプローチは、実践的なものである。現在、日本の企業、とりわけ多くの中小企業は、先行き不透明ななか、経営の舵取りに苦しんでいる。中小企業診断士は、国が認可する唯一の経営コンサルタントとして、中小企業の経営診断ならびに経営者に対する助言などの支援を行っている。経営の改善により企業の持続的な成長を図っていくことが、その目的である。ところが、中小企業診断士の企業に対する指導、支援は、どうしても財務面や労務面に偏って

はじめに

しまう傾向がある。どちらかというと短期的な視点での経営改善であり、当面の状況を打開していくことに重きが置かれている。このことは極めて重要なことではあるが、持続的な成長を目指した取組みも望まれているのである。

そこで多くの中小企業を支援している中小企業診断士の有志6名が集まり、2012年の年初から経営の目指す姿を実際の事例にもとづいて検討を進めてきた。明日倒産するかもしれない企業から、厳しい経営環境のなかで着実に業績を上げている企業まで、さまざまなケースをもとに、それぞれのマネジメントが、どのような品質（あらゆるものを対象とした質）を生み出しているのかについて調査を進めてきた。

また、中部品質管理協会との連携により、メンバーが中部品質管理協会主催のセミナーや講演会の講師となって、考え方を外部に発信してきた。いずれも、受講生から「わかりやすい」といった一定の評価が得られているため、こうした取組み結果も本書の内容に反映した。

以上、2つのアプローチから、経営、マネジメントの目指す姿を"質創造"としてまとめたのが本書である。どんなテキストでも実際の役に立たなければ何の意味もない。そのため、対象を企業経営者および経営幹部として、実務に役立つという観点から内容を絞り込んだ。なお、すでにマネジメント経験のあることを前提としているので、基本的な内容については省略したところもあることをあらかじめ断っておく。

本書をご一読いただき、今まで実践してきたことを振り返り、今後何が必要となるのかに気づいていただき、新たに実践していただければ幸いである。専門家から見ると、辻褄の合わないところがたくさんあると思われるが、あくまでも企業の視点から役に立つかどうかでまとめたものである。この点をご理解いただいたうえで、ご意見、ご指導をお願いしたい。

副題である「TQMの構築による持続的成長の実現」の位置づけについても最初に触れておきたい。自らの目指す姿にたどり着くためには、方法論がどうしても必要となる。日本が長年培ってきた総合的品質管理（Total Quality Mangement、TQM）には、経営の方法がたくさん仕込まれている。このなか

はじめに

には、日本発の世界に誇れるものが多数含まれているが、これは日本科学技術連盟、日本品質管理学会を中心とした、多くの関係各位の長年にわたるご尽力の賜物である。日本品質管理学会の元会長で東京理科大学名誉教授の狩野紀昭先生は、「TQM は経営の道具である」と述べられている。この教えに従い、本書では"質創造"実現のための道具として TQM を位置づけた。従来の考え方を踏襲したが、実践的であることを優先させたため、言葉の定義などで若干逸脱したところもある。これについても、ご批判、ご意見を謙虚に受け止め、今後のレベルアップにつなげていく所存である。

今日、企業だけでなく、多くの組織がマネジメントの悩みを抱えている。ぜひそうした方々に企業の経営者、経営幹部を対象とした本書を活用いただいて、現在抱えている困り事、悩み事に対して、一つでも多くの解決のヒントを摑んでいただくことができれば望外の喜びである。

2013 年 8 月

執筆者代表　古谷　健夫

目　次

はじめに ･･ *iii*

第1章　"質創造"とTQM ─────────────── *1*

1.1 デミング博士の教え ･･･ *1*
　1.1.1　『品質の統計的管理』講義録初版 ･･････････････････････････････ *1*
　1.1.2　『統計的品質管理の基礎理論と応用』講義録改版 ･･････････････ *3*
　1.1.3　デミングサイクル ･･･ *5*

1.2　品質、品質管理とは ･･･ *6*
　1.2.1　品質 ･･ *6*
　1.2.2　品質の本質 ･･･ *7*
　1.2.3　品質管理 ･･ *8*

1.3　"質創造"の全体像とTQMの位置づけ ･････････････････････････ *11*
　1.3.1　"質創造"経営 ･･･ *11*
　1.3.2　TQMの位置づけ ･･･ *13*

1.4　品質管理の変遷 ･･ *15*
　1.4.1　米国におけるマネジメントの萌芽 ････････････････････････････ *15*
　1.4.2　統計的な考え方の萌芽 ･･ *16*
　1.4.3　日本と米国の変遷比較 ･･ *17*
　1.4.4　日本の現状 ･･･ *18*

1.5　デミング賞の意義 ･･･ *19*

1.6　TQMに取り組む意義 ･･･ *21*

第1章のまとめ ･･･ *23*
第1章の演習問題 ･･ *24*

目次

第2章　問題解決—すべての基本— 25
2.1　問題解決の基本的な考え方 25
2.1.1　問題とは 25
2.1.2　問題解決とは 26
2.2　問題解決ステップ 30
2.3　実践事例　—問題解決の実践で顧客の信頼を獲得して業績アップ！— 40
第2章のまとめ 41
第2章の演習問題 42

第3章　風土づくり — 一人ひとりの品質意識の向上— 43
3.1　仕事の意義・目的の共有 43
3.1.1　石切り場の寓話 43
3.1.2　使命（ミッション）の理解 44
3.1.3　目指す姿（ビジョン）の共有 47
3.2　コミュニケーションの意義と重要性 48
3.2.1　人間の宿命 48
3.2.2　コミュニケーションの意義 49
3.2.3　ハインリッヒの法則 50
3.2.4　正直にものが言える職場風土づくり 55
3.3　風土づくりの実践事例 56
3.3.1　QCサークル活動 56
3.3.2　トヨタグループにおけるQCサークル活動の意義 58
3.3.3　QCサークル活動における管理者の役割 59
3.3.4　家電量販店の実践事例　—ケーズデンキ「がんばらない」経営— 63
3.4　風土づくりにおける経営者、管理者の役割 64
3.4.1　クルト・レヴィンの実験 64
3.4.2　経営者、管理者の役割 65
第3章のまとめ 67

第 3 章の演習問題 ………………………………………………………… *68*

第 4 章　日常管理（SDCA）―「ばらつき」「変化」への的確な対応（品質保証）― *69*

4.1　「日常業務」と「日常管理」 …………………………………………… *69*
4.2　SDCA サイクル（日常管理） ………………………………………… *71*
　　4.2.1　PDCA と SDCA …………………………………………………… *71*
　　4.2.2　SDCA サイクルの基本 …………………………………………… *76*
4.3　製造現場における日常管理の実践事例 ……………………………… *83*
4.4　スタッフ職場における日常管理 ……………………………………… *88*
4.5　日常業務のムダ取り …………………………………………………… *92*
4.6　品質（QC）教育の意義と重要性 ……………………………………… *94*
4.7　日常管理の実践度の把握 ……………………………………………… *98*
　　第 4 章のまとめ …………………………………………………………… *102*
　　第 4 章の演習問題 ………………………………………………………… *103*

第 5 章　方針管理（PDCA）―お客様の期待に応える新たな価値の創造（価値創造）― *105*

5.1　方針と方針管理 ………………………………………………………… *105*
5.2　方針の一人ひとりへの展開 …………………………………………… *108*
5.3　価値創造と方針管理 …………………………………………………… *110*
5.4　価値創造における目指す姿 …………………………………………… *111*
5.5　中小企業の現状と目指す姿 …………………………………………… *114*
5.6　問題解決の実践 ………………………………………………………… *115*
5.7　機能別管理 ……………………………………………………………… *117*
5.8　方針の点検 ……………………………………………………………… *119*
5.9　標準化と管理の定着 …………………………………………………… *123*
　　第 5 章のまとめ …………………………………………………………… *125*

第 5 章の演習問題································· *126*

第 6 章　マネジメントの全体像 —————————— *127*
6.1 マネジメント体系································· *127*
6.2 経営者、管理者が特に留意すべきこと··················· *130*
6.3 持続的な成長に向けて··························· *133*
第 6 章のまとめ································· *139*
第 6 章の演習問題································· *140*

おわりに······································ *141*
参考文献······································ *145*
索　　引······································ *147*

第1章 "質創造"とTQM

1.1 デミング博士の教え

■ 1.1.1 『品質の統計的管理』講義録初版

デミング博士（W. E. Deming、米国、1900～1993年）は、第二次世界大戦後の日本で「品質の統計的管理」についての講義を行った。その内容をまとめた講義録は、*Dr. W.E.Deming's Lecture on Statistical Control of Quality* と題して、日本科学技術連盟（以下、日科技連）によって1950年（昭和25年）12月に発行された。その「序」には、以下のように記されている。

「…（前略）…Deming先生が、日本に再度お出でになり、1950年7月10日～18日の8日間、神田お茶の水日本医師会館講堂において、全国から参集された230の優秀な技術者諸氏に、本場の米国で、先生が多年手がけられたさながらの講義を与えて下さいました．…（後略）…」

講義の冒頭"Introduction"から引用する。

"What is the statistical control of quality? To me it means the economic production of a product that is maximally useful and has a market."

さらに、次のような記述もある。

第1章 "質創造"とTQM

　　"THE AIMS OF QUALITY CONTROL：
　　1．Specify what is wanted
　　2．Design a manufacturing process that will deliver the product that is wanted – with speed, with economy, with uniformity
　　3．Test the product and improve the process."

講義録には和訳も併記されているので、少し長くなるが引用する。

「品質管理の目的
　まず、初めに問題となりますのは、"統計的品質管理とは何か"という問題であります。このことは最大限に有益で、且つ市場を持つところの一つの製品の経済的生産を意味するのであります。
　まず経済的生産ということは最もコストの低い、望ましき品質と望ましき数量における生産ということを意味するのであります。最大限度に有益だということは、ある一定の生産条件下において最もよい品質を出すということを意味しており、この製品に対して市場があるということは、一般の人々がこういう製品を購入し、使用できるということを意味するのであります。要するに市場のない物をつくるということは、物がいかに立派であっても無益であります。」

　ここで注目すべきは、品質に対するデミング博士の教えは、お客様からの評価が得られ、市場が形成されるモノを対象としている点である。また、売れることが前提となっており、売れないモノに対して品質管理を行っても意味がないとしている。今日の言葉に置き換えると、「お客様のニーズを満たす品質をまず生み出して、経済的生産により、その品質を作り込むこと」となる。どうしても統計的（Statistical）という形容詞がつくため、出来栄えの品質だけのことと錯覚してしまうが、もともとの考え方には、お客様のニーズを満たすための狙いの品質も含まれていたのである。

さらにデミング博士は、品質管理に必要なこととしてQuality consciousness（品質に対する意識）と Quality responsibility（品質に対する責任）を挙げている。それぞれの解説を和訳版から引用する。

「(1)　Quality consciousness（品質に対する意識）：良好な、且つ均等な製品をつくろうという燃えるが如き情熱。
(2)　Quality responsibility（品質に対する責任）：これは自分がつくった製品の裏書をする、すなわちその品質を保証するということであって、その品質に対する世間の信用を築き上げるという努力であります。」

これも今日流に表現すると、「一人ひとりが、品質に対する意識を高めて、お客様（後工程を含む）に悪いモノを絶対に届けないという品質の保証に、情熱をもって取り組むこと」となる。

マネジメントに関する基本的な考え方が、六十余年前のデミング博士の教えのなかに凝縮されているのである。

■1.1.2　『統計的品質管理の基礎理論と応用』講義録改版

デミング博士の講義録初版は好評を博したため、売上も増大した。この売上金を基金として、1951年に創設されたのがデミング賞である。デミング賞が、その後の日本の品質管理界、産業界に計り知れない貢献をしてきたことはいうまでもない。

しかし、講義録初版に対してデミング博士から多くの不備や誤りの指摘があったため、精査な校訂を経て2年後の1952年（昭和27年）6月に改版が発行された。書名も『統計的品質管理の基礎理論と応用（ELEMENTARY PRINCIPLES OF THE STATISTICAL CONTROL OF QUALITY）』と改められている。

初版でも、品質管理において何よりも重要なことは、お客様が欲しているものを提供しなければならないとされていた。つまり、市場があることが前提と

なっている。このことは、お客様の評価とそれにもとづく改良が必要となることを意味している。

改版では、この考え方が図で示されている。**図1.1**は、デミング博士が表した図をもとに、一部加筆したものである。

■旧式の方法（THE OLD WAY）

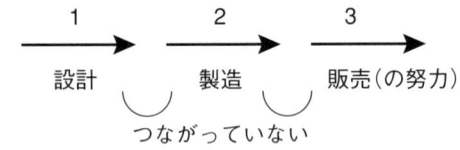

■新式の方法（THE NEW WAY）

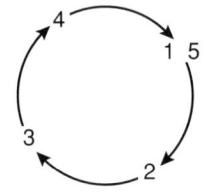

1. 製品の設計
2. 製造
3. 市場に出す
4. 市場調査
5. 製品の再設計

- この円の回転は転々としてとどまるところがない

（出典）　W. Edwards Deming 著、小柳賢一 訳(1952)：『統計的品質管理の基礎理論と応用』、日本科学技術連盟を一部加筆・修正

図1.1　デミング博士による旧式と新式の方法

旧式の方法(THE OLD WAY)では、設計、製造、販売の3つの段階が、まったく関連なく独立していた。そのため、必ずしも製品が売れるとは限らず、販売の努力が必要となる。

この方法に対して、デミング博士は新式の方法(THE NEW WAY)を提唱した。第4の段階として市場調査(消費者調査)を取り入れることで、4つの段階を1つの円の回転に見立てたのである。消費者の示した反応にもとづいて製品を再設計することにより、この円の回転は転々としてとどまるところがなくなる。品質管理とはマネジメントそのものであり、この図は、その本質を表している。これは、PDCAサイクルのルーツともいえるものである。

4

1.1.3 デミングサイクル

日本の品質管理の基盤構築、普及に多大な功績を残された石川馨先生は、その著書のなかで、図1.2 に示す「デミングサイクル」を紹介し、デミング博士の「新式の方法」(図1.1)を進化させている。

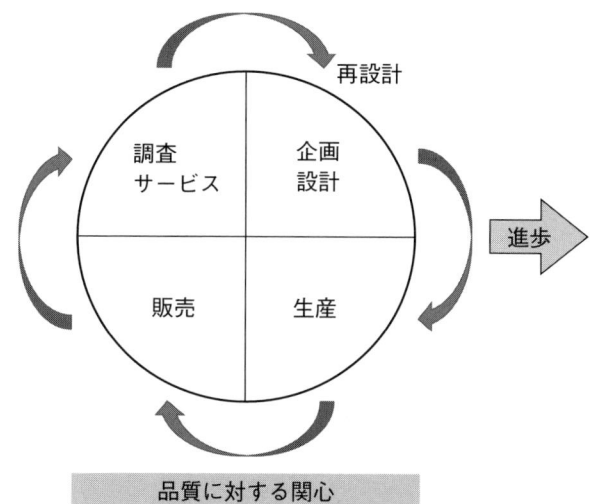

（出典） 石川馨(1989)：『第3版　品質管理入門』、日科技連出版社

図1.2　デミングサイクル

円の4つの段階に対して、企業活動のプロセスを4つに分け、それぞれ「企画・設計」「生産」「販売」「調査・サービス」と置いた。またそのベースには、「品質に対する関心」を置き、円を回転させることで企業が「進歩」するとした。

デミングサイクルは、「企業内のすべての部門の人が、品質に対する関心をもたなければならない。そのうえで、市場の評価にもとづいて、再設計を行っていく。これを繰り返すことで、企業は持続的に進歩していくことができる」ということを意味している。このことから、品質が生産のことだけでないことは明らかである。さらに、一人ひとり、全員の品質に対する関心が求められている点に留意したい。当時はまだ製造業が対象であったが、デミングサイクルは経営（マネジメント）のあるべき姿を示しているのである。

1.2　品質、品質管理とは

■ 1.2.1　品質

　品質に対する認識は、人によってさまざまである。多くの人は、製品の品質を思い浮かべるかもしれないが、デミング博士の教えから考えれば、品質の意味するところは広い。そのせいか、品質、品質管理に関する書籍やテキストにも、品質の定義が書かれているが、必ずしも統一されていない。また、製品の品質に加えて、設計品質、製造品質、経営品質、仕事の質、サービスの質、医療の質、狙いの品質、出来栄えの品質、当たり前の品質、魅力的品質など、たくさんの品質があり、品質というものをどう理解すればよいのかわかりにくい。

　2011年に日本品質管理学会では、日本品質管理学会規格「品質管理用語 JSQC-Std 00-001：2011」を制定した。そのなかに「品質／質」の定義があるので引用する。

「2.4　品質／質
　製品・サービス、プロセス、システム、経営、組織風土など、関心の対象となるものが明示された、暗黙の、又は潜在しているニーズを満たす程度。
　　注記1　ニーズには、顧客と社会の両方のニーズが含まれる。(後略)」

　ここでは、対象は問わず、どれくらいニーズを満たしているのかを示すものを品質／質と定義している。本書では品質／質について、この定義に従うものとするが、もう少しわかりやすい表現を試みている。
　なお、『岩波国語辞典　第二版』には、次のように記されている。

「品(ひん)：①物のよしあしの等級を決める
　　　　　　②よしあしの程度、その物にそなわるねうち、等級、階級
　質(しつ)：①もちまえ、うまれつき、地(じ)、その身に元来そなわる性質

②物が成り立つもと
③地（じ）のまま、飾りけがないこと』

さらに、「品（しな）：①何かの用途にあてる、形がある物　②ものの等級」とある。

これらを要約すると、「品質」とは「もののよしあし・ねうち」となる。品（しな）ではないので、形がないものも含まれる。したがって、「よしあし・ねうち」を測れるものはすべて品質となるので、以下のものはすべて該当する。

■品質の対象となるもの
①　形のあるものにかかわるもの
機能、性能、安全性、信頼性、操作性、環境保全性、経済性、満足感、安心感、見栄え、使い勝手、……
②　形のないもの、サービスなどにかかわるもの
心地よさ、充足感、……
③　①②を生み出すプロセス（仕事）にかかわるもの
手順、方法、道具、情報、能力、……

ここで重要なのは、「よしあし・ねうち」を測るものさし（評価尺度）は、それを受け取る側であるお客様（後工程を含む）がもっているということである。「よしあし・ねうち」はお客様が評価するものであることを忘れてはならない。

1.2.2　品質の本質

最近、どこでも鉛筆やペンで文字を書くことが少なくなってきたかもしれないが、ここで一度、枠の中の余白にひらがなの「あ」の字を10回続けて書いてみてほしい。

「あ」の字　記入欄（10回連続）

　自分で書いた文字をよく見比べてみると、同じひらがなの「あ」の字でも、微妙に形が異なっていることに気づかされるのではないだろうか。人間の動作がばらつくため、文字も不揃いになっていることがわかる。ばらつきが存在しているのである。また、時間の経過、人の成長とともに、文字の形が変化することは周知のとおりである。

　同様に、例えば「安心感」や「心地よさ」なども、「ばらつき」「変化」する。お客様の評価は、人によって異なり、時代とともに変化していくのである。お客様から「よしあし・ねうち」の評価を受けるものはみな品質である。すなわち、品質とは「ばらつくもの」「変化するもの」なのである。ここに品質の本質を見ることができる。

　それでは、価格や納期はどうだろうか。これらは、一度設定すればばらつくことはなく変化もしない。しかし、お客様からの要求や要望によって、しばしば変更されることがある。したがって、「ねうち」の概念に含まれると解釈したい。価格や納期は「ねうち」を測る前提となるものである。

■ 1.2.3　品質管理

　お客様の満足を獲得するためには、お客様の要求・期待レベルに適合させる必要があり、品質特性値をお客様の満足が得られる範囲内に収めなければならない。ところが、品質には「ばらつき」「変化」があるため、いつまでもお客様のニーズに適合している状態とはならず、絶えず不適合発生の危険を孕んでいる。

　不適合が発生して、お客様の満足が得られなくなるケースは、次の2つに層

別できる。ここでは、ある一つの品質特性について考えてみる。

(1) ケース1

図 1.3 は、要因の影響による不適合の発生を示す。

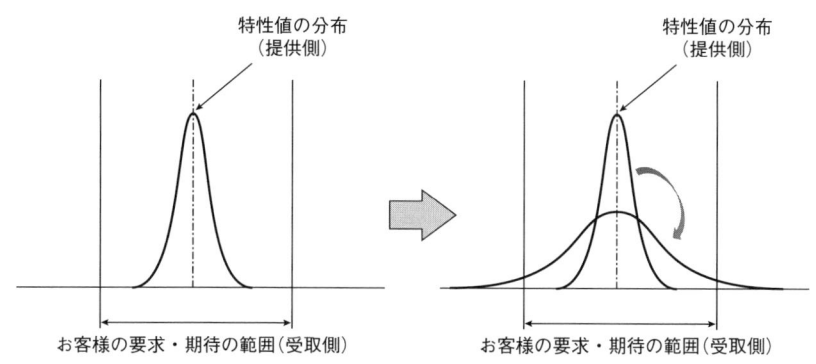

図 1.3 「要因」の影響による不適合の発生

図 1.3 の左図は、お客様の満足が得られる範囲内で、品質特性値が安定していることを示している。この状態を維持することが必要となるが、品質特性に影響を及ぼす要因は無数にある。ある要因に、何らかの原因で「ばらつき」「変化」が生じると、品質特性値の分布そのものにも、「ばらつき」「変化」が発生してしまう。右図は、品質特性値のばらつきが大きくなってしまったことにより不適合が発生し、お客様の満足が必ずしも得られなくなった状態を示している。

(2) ケース2

図 1.4 は、お客様がもっている評価尺度の影響による不適合の発生を示す。

図 1.4 の左図はケース 1 と同様である。しかし、要因をしっかり管理して品質特性値を安定させ続けることができたとしても、いつまでも安心できない。なぜなら、今度は、お客様のもっている評価尺度（ものさし）が「変化」してしまうからである。こうなると、今までと同じ状態でも不適合が発生してしま

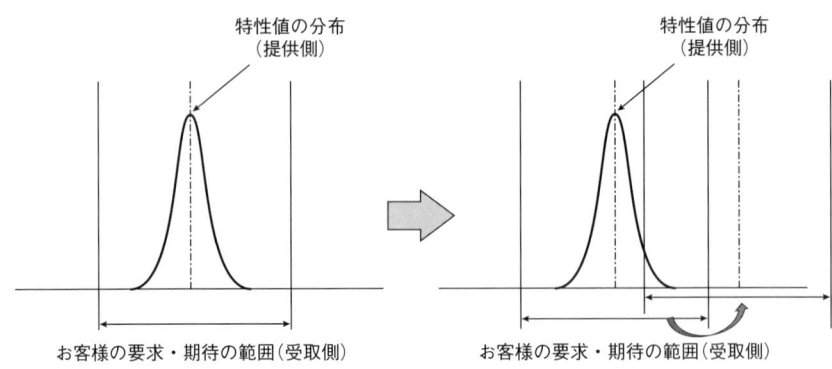

図1.4 「評価尺度」の影響による不適合の発生

うことになる。図1.4の右図は、お客様のニーズに必ずしも応えることができず、満足が得られなくなった状態を示している。

　図1.3、図1.4では、1つの品質特性値について考察したが、実際にはたくさんの特性値に対して、お客様のニーズを同時に満足させなければならない。この場合でも、それぞれの「要因」「評価尺度」に生じる「ばらつき」「変化」にすべて対応していかなければならないことは明らかである。

　お客様の満足を獲得し続けるために必要となることは、「お客様のニーズに応えることのできる新たな価値の創造(価値創造)」と、「その価値の代用特性としての品質特性値を安定してお客様に保証(品質保証)し続けること」の2つに集約できる。このことは、デミング博士の教えである「お客様のニーズを満たす品質をまず生み出して、経済的生産により、その品質を作り込むこと」という、品質管理の目的と一致する。品質管理とは、お客様のニーズに常に応えていくために、「要因」と「評価尺度」に生じる「ばらつき」「変化」との終わりのない戦いである。

　もし、「ばらつき」「変化」がまったく発生しない世界があれば(実際にはあり得ないが)、その世界にはマネジメント(管理)という概念は不要である。「ばらつくもの」「変化するもの」である品質という厄介なものが存在するがゆえに、マネジメントが必要となるからである。1.4節で品質管理の変遷をたどる

が、その歴史がマネジメントの概念の成り立ちを明らかにしている。すなわち、マネジメントとは品質管理そのものであり、この2つは同じものとみなすことができるのである。

1.3 "質創造"の全体像とTQMの位置づけ

1.3.1 "質創造"経営

図1.2をベースとして、マネジメント・品質管理の全体像を図1.5に示す。

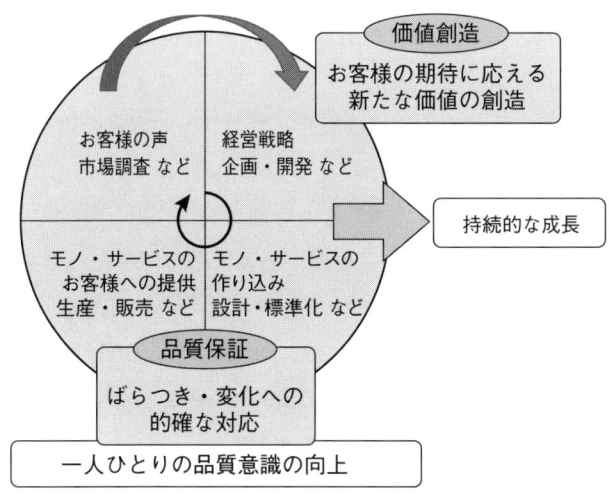

図1.5 "質創造"経営

企業が持続的に成長していくためにやるべきことは2つある。一つは、「お客様の期待に応える新たな価値の創造」である。社会や市場のお客様の声に耳を傾け、顕在、潜在を問わずニーズをよく調査する。それを次のモノ・サービスの企画・開発に反映すべく、経営戦略として展開することがまずは必要となる。このプロセスを「価値創造」と呼ぶ。

もう一つは、「ばらつき・変化への的確な対応」である。「価値創造」のプロ

第1章 "質創造"とTQM

セスで生み出された価値を品質特性値に置き換えて、モノ・サービスの設計や標準化を行う。その後、実際のモノ・サービスをお客様に届けることになる。この際に直面するのが、「要因」「評価尺度」に生じる「ばらつき」「変化」である。そのため、企業活動のすべての段階において、これらの「ばらつき」「変化」に的確に対応し、品質特性値をお客様の満足の得られる範囲に収めるように保証し続けなくてはならない。このプロセスが「品質保証」である。

「価値創造」と「品質保証」は車の両輪にたとえられる。どちらかに不備があれば車が走らないように、企業の持続的な成長は望めない。かつて高度経済成長期には、お客様の求める価値は比較的一様であったため、大量生産への対応が急務であった。そのため、企業努力の大半は「品質保証」に傾注された。しかし最近では、価値観の多様化、グローバル化、少子・高齢化、環境問題への対応など、企業を取り巻く環境は激変しており、お客様の求める価値は一定していない。したがって、企業は絶えずお客様の求めているものを把握して、お客様の期待に応えることができる新たな価値を生み出し続けていかなければならない。近年、「価値創造」の重要度が急速に増してきたのである。

「価値創造」と「品質保証」の2つを併せたものを"質創造"という。この言葉は、日本科学技術連盟元理事長の故 髙橋朗氏が、2004年にデミング賞本賞（個人に贈られる品質の最も権威ある賞）を受賞された際の記念講演のなかで、次のように述べられていることに由来している。

「企業活動の原点は顧客創造です。顧客創造のためには新たな顧客価値の創造とその顧客価値を損なわない創造的保証活動が必要です。それらを総合して質創造といおうという提案です。」

ここに、経営・マネジメントの本質を見出すことができる。

さて、企業としてやるべきことは明確になったが、経営の観点からは、重要なことがもう一つある。「価値創造」も「品質保証」も、それを実際に行うのはすべて人なのである。したがって、企業に働くすべての人、一人ひと

りの品質に対する意識を高めなければならない。すなわち、デミング博士の「Quality consciousness（品質に対する意識）：良好な、かつ均等な製品をつくろうという燃えるが如き情熱」が重要になってくるのである。よく「企業は人なり」というが、まさにこのことを指している。品質意識の低い（ない）人がいくら大勢集まっても、何も生まれないのである。

以上より、"質創造"経営とは、
① 一人ひとりの品質意識の向上
② ばらつき・変化への的確な対応
③ お客様の期待に応える新たな価値の創造

の3つの実践により、持続的な成長を遂げていく経営のことをいう。

この順番には意味がある。なぜなら、企業をさらに発展させるためには、まずは一人ひとりの意識を高めなければならず、そのうえで、日常の業務を確実に遂行して、お客様の満足を獲得し続ける必要があるからである。ばらつき・変化に的確に対応できる力が企業の基礎体力である。したがって、基礎がしっかりできていなければ、新たな価値を生み出すことは難しい。たとえ何かが生み出されたとしても、その価値を継続的に安定して提供できる保証はどこにもないのである。

なお、これから創業する、もしくは創業したばかりの企業では、必ずしも上記の順番で実践できるとは限らないが、事業規模が拡大すれば順番どおりに実践することが望まれる。

1.3.2 TQMの位置づけ

"質創造"経営のやるべきことは整理できたが、次の段階として、具体的にどのような方法で実践すればよいのかが問題となる。方法論がなくては、それこそ絵に描いた餅である。経営・マネジメントの道具は、日本ではTQM（Total Quality Management）のなかにたくさんあることが知られている。日本科学技術連盟、日本品質管理学会などの先生方により、多くの手法が開発されてきた。それらは、主に製造業を中心とした日本企業のなかで展開され、そして浸

第1章 "質創造"とTQM

透し、企業の発展に大きく貢献してきたのである。

TQMは、日本品質管理学会規格「品質管理用語　JSQC-Std 00-001：2011」で次のように定義されている。

「1.1　総合的品質管理／総合的品質マネジメント／TQM
　品質／質を中核に、顧客及び社会のニーズを満たす製品・サービスの提供と、働く人々の満足を通した組織の長期的な成功を目的とし、プロセス及びシステムの維持向上、改善及び革新を全部門・全階層の参加を得て様々な手法を駆使して行うことで、経営環境の変化に適した効果的かつ効率的な組織運営を実現する活動。」

日本の品質管理(Quality Control、QC)は、デミング博士の教えに始まりTQC(Total Quality Control)となって高度経済成長を牽引してきた。そして、1995年には、国際的な動向も踏まえてTQMと呼ばれるようになった(詳細は**1.4節**参照)。TQMは「組織の長期的な成功」を目的としており、経営そのものと位置づけられているが、日本で「品質」といえば製品品質のこととなり、TQMの本来の意義が伝わっていない。しかも、その研究も手法中心であり、経営の道具としての位置づけとなってしまっている。名称は変更されたが、実態はTQCとあまり変わっていないといえる。

そこで本書では、TQMをTQCの延長とみなして、経営のための道具、手法として位置づける。すなわち、経営としてなすべきことが"質創造"であり、実践のための道具、手法を"TQM"とした。

"質創造"経営における3つのやるべきことと、活用できるTQMの手法を対応させたものを**表1.1**に示す。

「一人ひとりの品質意識の向上」のためには、風土づくりが重要である。第一線のメンバーを対象としたQCサークル活動、小集団活動がその代表例といえる。そして、「ばらつき・変化への的確な対応(品質保証)」のためには、日常管理が重要である。SDCAサイクルをしっかり回していくことで、品質

表1.1　活用できるTQMの手法

やるべきこと	TQMの手法	効果	参照
(1) 一人ひとりの品質意識の向上	風土づくりとしての、QCサークル活動、小集団活動など	能力向上・明るい職場	第3章
(2) ばらつき・変化への的確な対応(品質保証)	日常管理 (SDCAサイクル)	維持向上	第4章
(3) お客様の期待に応える新たな価値の創造(価値創造)	方針管理 (PDCAサイクル)	改善・革新	第5章

保証が可能となる。さらに「お客様の期待に応える新たな価値の創造(価値創造)」のためには、方針管理が重要となる。経営戦略にもとづいた方針を展開し、PDCAサイクルを回すことで、新たな価値が創出されるのである。

TQMには、SDCA・PDCAサイクルを回すために必要となる道具がたくさんある。特に問題解決(第2章)はすべての基本となっている。うまく活用して、効果的・効率的にサイクルを回し続けていくことが、ますます求められる。

1.4　品質管理の変遷

品質管理、マネジメントの変遷を振り返ることで、それらが同じルーツをもち、概念としても同じであることが容易に理解できる。品質管理を正しく認識するために、ここでその代表的なルーツを概観する。

1.4.1　米国におけるマネジメントの萌芽

マネジメントの概念が初めて現れたのは、米国のテイラー(F. W. Taylor、米国、1856〜1915年)による科学的管理法だといわれている。それまでの作業の現場は、いわゆる職人の世界で、日々の生産はすべて現場に任されていた。そのため、生産量のばらつきが発生するなど、経営側にとっては先が読め

ない状態にあった。テイラーはこうした作業の現場に、標準の概念を初めて持ち込んだ。作業の標準化を図ることで、生産を安定させることができたのである。当初、現場の反発は強く、なかなか受け入れられなかったが、生産の安定化により生産量が増し、利益も増大したため、現場、経営の双方がメリットを享受できたのである。こうして、テイラーの考え方は急速に普及、浸透していった。

「標準なくして改善なし」といわれるが、標準の概念の確立により、その後の改善が一気に進み、まさに工業化時代の幕が開いたといえる。また、併せてここにマネジメントの萌芽を見ることができる。

テイラーにより、生産の現場では標準化が進展し、生産の効率が良くなっていった。しかし、同じ仕事でも、そのなかで生産量のばらつきは、相変わらず発生していた。ウェスタン・エレクトリック社のシカゴ近郊にあるホーソン工場では、作業環境の違いが生産に及ぼす影響の調査が長年にわたって行われた。ホーソン工場の実験(Hawthorne Effect、1924～1932年)と呼ばれているものである。照明の明るさなど、さまざまな環境要因が生産に与える影響を調査するために、多くの関係者が現場に関心を示した。その結果、現場の作業者は、自分たちの仕事に多くの関心が集まったことで仲間意識が芽生え、お互いが協力して仕事をするようになった。チームワークが生まれたのである。照明の明るさを落としたときには、予想に反して出来高は向上した。外部の環境要因より、作業者間の協力体制のほうが、はるかに大きな影響を生産活動に与えることが実験の結果として得られたのである。仲間意識をベースとしたインフォーマル組織の存在が認められ、その後、こうした人間関係論は、行動科学論へと発展していくのである。

1.4.2 統計的な考え方の萌芽

フィッシャー(R. A. Fisher、英国、1890～1962年)は、穀物量(収率)の変動に関する研究を行い、分散分析、実験計画法などの手法を構築した。フィッシャー以前には、ガウスやピアソンなどの数学者が確率論を構築していたが、

これらがフィッシャーにより、ばらつきの定量化へと発展していった。

また、シューハート（W. A. Shewhart、米国、1891 ～ 1967 年）は、工場の生産現場に管理図（Control Chart）を導入した。異常を明確に示すなど、今日の統計的品質管理（Statistical Quality Control、SQC）の基礎を築いた人である。ちなみにデミング博士は、シューハートから教えを受けた一人である。

1.4.3　日本と米国の変遷比較

20 世紀の初頭から、米国では科学的管理法、人間関係論、統計的品質管理などに加えて、マーケティング理論、戦略理論など、経営に関するさまざまな理論や方法論が構築されてきた。それらが、総合的なマネジメント論として発展していった。品質（あらゆる質）のレベルを向上させるために必要となるものが、マネジメントであった。言い換えれば、マネジメントの目的は品質（もののよしあし・ねうち）を良くすることであった。米国では、マネジメントと品質管理は同じものとして展開されたのである。

1980 年代の米国は、製造業の国際競争力が低下した。そこで、日本の製造業をベンチマーキングして、日本の強さである「改善」「全員参加」「系列」「TPS（トヨタ生産方式）」などを自国のマネジメントに取り込んでいった。同じ時期に設立された「マルコム・ボルドリッジ国家品質賞」では、マネジメントを充実させて品質レベルを向上させ、業績を伸ばすことを奨励した。授賞対象は、製造業はもちろんのこと、サービス業、学校、病院、さらには官公庁までのあらゆる組織である。受賞した組織には、他が参考とするために、自分たちが取り組んできたマネジメントの内容を公の場で説明することが義務づけられている。これにより、業種業態、分野は異なっていても、マネジメントという切り口では他の参考となる有益な情報が公開されるため、全体の底上げにつながっていったのである。

一方、日本では、戦後の荒廃から復興することが急務であった 1950 年代に、GHQ は米国から講師を招聘して、日本の経営者にマネジメントを勉強する場を設けた。資源のない日本では、原材料を輸入して付加価値をつけ、製品とし

て輸出することでしか豊かになれないのに、戦前から日本製品は「安かろう、悪かろう」と揶揄されていた。そして戦後の荒廃である。デミング博士の登場はまさに歴史の必然であった。統計的品質管理(SQC)を中心としたその教えは、瞬く間に全国に広がっていった。中部品質管理協会の前身である東海品質管理研究会は、1951年(昭和26年)に設立されている。同じころ全国各地にこうした研究会が誕生し、日本中が統計的品質管理を勉強して、その普及、実践に努めていったのである。

その結果、高度経済成長の流れと相俟って、大量の高品質な日本製品が産出されていった。さらにQCサークル活動に代表される「改善」「全員参加」などの日本的な要素も加わり、TQCとして世界の模範となっていったのである。

しかし、ここに大きな落とし穴があった。日本製品の品質があまりにも高水準になったため、いつの間にか、品質管理(QC)は製品の品質を良くするためのものと、人口に膾炙(かいしゃ)されるようになってしまった。元々、マネジメントを良くすることで品質(あらゆる質)を向上させてきたQCだが、そのようには理解されなくなっていった。その後も米国からドラッカーに代表されるマネジメント論が数多く入ってきたが、日本では、相変わらずマネジメントと品質管理は別物として扱われているケースが未だに散見される。

1.4.4　日本の現状

1990年代の動きは興味深い。デミング賞を担う日本科学技術連盟、日本品質管理学会では、TQC(Total Quality Control)の名称をTQM(Total Quality Management)に改めた。また日本生産性本部には経営品質協議会が設置され、日本経営品質賞(Japan Quality Award、JQA)が新たに創設された。いずれも、上述した1980年代の米国の動きに影響を受けたものである。日本でマネジメントと品質管理を同じものと見なせるチャンスでもあったが、未だに実現していない。また対象もサービス業や病院など、少しずつ広がってはきたが、米国の広がりと比べるとその流れはまだまだ小さい。

今や、あらゆる組織でマネジメントを良くしていくことが求められているた

め、1980 年代における米国の復活シナリオは、今日の日本の良きお手本となろう。

1.5　デミング賞の意義

　デミング賞とは、戦後日本において品質管理の普及と品質向上の大きな礎となった故 William Edwards Deming 博士の功績を称えて、1951 年に日本科学技術連盟が創設した賞であり、TQM の世界最高レベルの賞である。受賞企業にとっては、その品質保証レベルの高さをアピールできるある種のブランドの獲得とみることができるが、もう一つ重要な目的がある。それは、受賞企業にとって、「受賞することがゴール」なのではなく、受賞時の品質管理水準の維持向上を「スタート」させ、品質保証の考え方を社内の全員に周知徹底し、共通の価値観として一人ひとりまで浸透させていくことがその目的となる。
　デミング賞に挑戦して、その後、目覚ましい発展を遂げた会社は多数あるが、ここでは、その代表格としてトヨタ自動車(以下、トヨタ)を取り上げる。
　トヨタは、1965 年にデミング賞実施賞(現 デミング賞)を受賞した。そして、1970 年には日本品質管理賞(デミング賞実施賞の受賞後も 3 年以上継続的に TQC を実施し、その水準が向上・発展していると認められた企業や組織に授与された賞。現 デミング賞大賞)の第 1 号を受賞している。同社のホームページに掲載されている「トヨタ自動車 75 年史　TQM 変遷(含む　創意くふう)」から引用しつつ、以下、その歩みをたどってみる。
　トヨタは 1961 年に TQC を導入した。当時生産台数が急増したことにより「新人の増加と教育の不徹底、管理者の力不足と未熟練などの課題が散見されるようになり、品質の向上が追いついていかなかった。」という背景があった。そこで、TQC の導入の目的を『『経営管理の画期的刷新』と『良質廉価な製品の生産と開発』を図るため』として、方針管理、機能別管理、QC サークル活動、各種標準の整備などが全社的に展開されていった。併せてこの頃に「『検査を厳しくすれば品質がよくなる』という考え方が『品質は検査の前でつく

る』という考え方に変化していった」。そして「『品質は工程で造りこむ(自工程完結)』という言葉が誕生した」のである。

TQC 導入の成果について、同ホームページから引用する[1]。

「TQC の導入とデミング賞への挑戦は、トヨタに多くの成果をもたらした。

有形の効果としては、TQC 導入まで増加傾向だった台あたり材加不・不具合が半分以下に減少した。これを受けて新車購入後の保証も、1963年(昭和 38 年)3 月には『1 年または 2 万キロ』であったところを、1967 年 4 月には『2 年または 5 万キロ』と他社に先がけて延長し、国際水準の保証条件を確立することができた。

無形の効果としては、品質に対する社員の意識の変化があり、全員参加の TQC により、トップから現場の第一線で働くメンバーまで一人ひとりが品質保証の主役として、改善を実施することができた。」

また、当時の QC 推進本部副本部長 豊田章一郎常務取締役(現 名誉会長)は、講演のなかで「会社の体質が非常に改善された」「ひとつの目標に向かって協力してゆく体制が、TQC という手法を通じてでき上がった」と、その成果を語っている。

その後トヨタは、「1995 年に、TQC の考え方の再徹底を柱とし、商品やサービスの質はもちろん、仕事の質やマネジメントの質をも高めることを目的に、これまでの TQC の考え方を TQM として再整理し、浸透させていくこととした。具体的には、『企業の盛衰を決めるのは人材』『人間がモノをつくるのだから、人をつくらねば仕事も始まらない』という人を中心に据えた経営の原点に立ち返り、TQM を『人と組織の活力を高める活動』と定義するとともに、『お客様第一』『絶え間無い改善』『全員参加』の 3 本柱を行動理念として、その実践を支えるツールの充実・強化が図られた」のである。

---

(1) http://www.toyota.co.jp/jpn/company/history/75years

このように、いつの時代にあっても、またグローバル化が進展しても、トヨタはTQMを常に経営の柱に据えて幾多の困難を克服し、今日の発展を築いてきたといえる。

デミング賞の受賞は、その企業における不断の努力の結晶であることは間違いない事実である。しかし、それ以上に重要なことは、「デミング賞の受賞は、品質管理のゴールではなく品質管理の維持向上のスタートラインである」ということを社員全員に徹底して、その活動を地道に、そして途切れることなく継続することである。これを達成することが、デミング賞に挑戦する意義なのである。

1.6　TQMに取り組む意義

TQMは方法論である。「風土づくり」「日常管理」「方針管理」はあくまでも手段(道具)であり、何のために行っているのかを常に再認識して共有しておく必要がある。そのうえで、これらの活動を企業・組織の全体に展開、徹底していくことが、"質創造"経営といえる。

"質創造"経営の目指すところは、企業・組織の持続的な成長である。その実現は、TQMの実践により次の3つのことが達成できて、初めて可能となる。

(1) ブランドの確立

お客様の期待に応えて価値を生み出し続けていくためには、お客様の期待を常に先回りしなければならない。このことは、お客様もまだ気づいていない価値を創造することにほかならない。お客様とともに新たな価値を生み出して、お客様の信頼を獲得し続けることが重要である。「(お客様にとって)これからもなくてはならない企業・組織」となることで、独自のブランドが確立できる。

(2) 一人ひとりの満足度の向上

TQMの実践により、組織の構成員一人ひとりがそれぞれの立場で知恵を出

すことで、組織の発展に貢献できたと感じることができる。改善が進むことで、達成感、仕事に対するやりがいが増大する。さらに、一人ひとりが生み出すモノ・サービスの質が高まるため、お客様の満足も高まる。

　リッツ・カールトンというホテルがある。ここの最も大切な使命は「お客様への心のこもったおもてなしと快適なサービスを提供すること」であり、これを達成するために、"We Are Ladies and Gentlemen Serving Ladies and Gentlemen.（紳士淑女にお仕えする我々も紳士淑女です）"としている。

　一般に「ES（Employee Satisfaction）なくしてCS（Customer Satisfaction）なし」といわれる。そうであるためには社員全員が「夢と誇り」をもって働くことができる企業・組織でなければならない。

（3）　経営目標の達成

　(1)、(2)の実践の結果として、初めて経営目標の達成が期待できる。TQMでは、一人ひとりの品質意識が高まることにより、常にお客様視点での意思決定がなされる。そのため、いわゆる組織の壁が低く、風通しの良い組織風土が形成されていく。また、組織間の連携も良くなるため、意思決定のスピードが早くなる。こうした全社一丸となった取組みにより、経営目標の達成に近づいていくのである。

　企業がこれからも持続的に成長していくためには、上記3点の達成が必要不可欠である。これは、デミング賞を受賞するための要件そのものでもある。この3点を達成することこそ、"質創造"経営の目指す姿であり、TQMの意義なのである。

第1章のまとめ

- 品質とは「もののよしあし・ねうち」であり、お客様がその評価尺度をもっている。
- 品質とは「ばらつくもの」「変化するもの」である。
- 品質管理とは「ばらつき」「変化」との終わりのない戦いであり、「マネジメント」そのものといえる。
- 「ばらつき・変化への的確な対応(品質保証)」と「お客様の期待に応える新たな価値の創造(価値創造)」の2つを併せたものを、"質創造"という。「一人ひとりの品質意識の向上」を加えて、これらの実践により企業の持続的な成長が可能となる。
- "質創造"を実践するための方法論としてTQMがある。「問題解決」をベースとして「(QCサークル活動などによる)風土づくり」「日常管理(SDCAサイクル)」「方針管理(PDCAサイクル)」が有効な手法(ツール)となる。
- 日本では、「品質管理」は生産現場のことであるが、海外では「品質管理」と「マネジメント」は同じものとして扱われている。企業の体質強化のためには、マネジメントのさらなる充実が必要である。

第1章の演習問題

　現在あなたの会社・組織がお客様(後工程を含む)に提供しているモノ・サービス(アウトプット)にはどのようなものがありますか。また、アウトプットに対するお客様の評価について、考えてみてください。

［モノ・サービス(アウトプット)］

［お客様からの評価が高いところ］

［お客様からの評価が低いところ］

第2章 問題解決 ―すべての基本―

2.1 問題解決の基本的な考え方

2.1.1 問題とは

　職場では、「何が問題なのかわからない」「問題解決ができていない」「問題解決の手法を勉強していない」などの声をよく聞くが、そもそもここでいう「問題」とは何だろうか。

　品質の本質は、「ばらつくもの」「変化するもの」である。現状の姿・レベルは刻々と変化していく。そのため、目指す姿・レベルからの乖離が発生する。この乖離、ギャップを「問題」という。

　そして、次に目指す姿・レベルをどのように定めるのかが問われる。仮に当事者だけで勝手に決めると、おそらくほとんどの場合、お客様(後工程)からの不満や苦情が噴出するだろう。そのため、お客様の満足が得られるレベルに設定しなければならない。つまり、目指す姿・レベルは、お客様が決めるものである。さらに、お客様が満足するレベルは、一人ひとり異なる。また、時間とともに変化していく。したがって、目指す姿自体も絶えず見直していかなければならないのである。

　ある機械の騒音の問題を例に目指す姿をどのように決めるのかを考えてみよう(図 2.1)。現状、85dB(デシベル、音の強さの単位)もあってお客様からの苦情が絶えない。そこで、新たに規制値が 65dB と定められた。一所懸命に対策を施して規制値をクリアさせ、やれやれと安堵したのも束の間、お客様からの苦情はなくならず、結局、60dB まで低減する必要に迫られた。つまり、やり

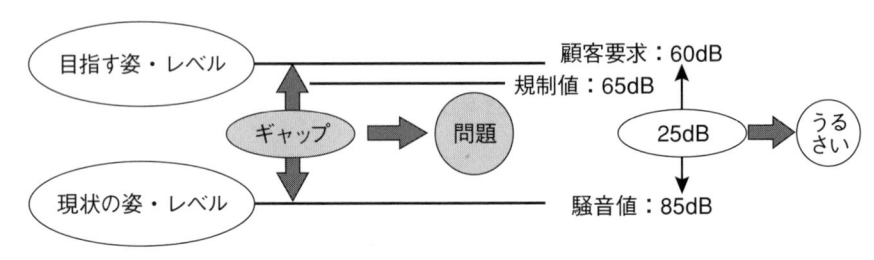

図2.1　目指す姿・レベルの設定

直しが発生したのである。

　なぜこのようなことになったのだろうか。その理由を考えると、規制値が定められたため、これをそのまま目指す姿・レベルとしてしまったところにある。規制値はあくまでも第三者が定めるもので、最低限クリアするべきものである。そのため、お客様の要求・期待とは異なっている場合が多い。したがって、最初からお客様の声を直接聞いて、その要求・期待レベルを把握すべきであった。もし、競合他社が先に気づいてお客様の要求・期待レベルを達成していたら、市場での優位性はなくなり、大幅な売上減は免れないであろう。「自社製品はどこを目指すべきなのか」。その設定は極めて重要なプロセスである。

■ 2.1.2　問題解決とは

　問題とは、現状の姿と目指す姿の乖離・ギャップであるから、問題解決は「その乖離・ギャップをなくすこと」である。言い換えると、「現状の姿を目指す姿にすること」となる。これは至極もっともではあるが、達成するのは簡単なことではない。

　問題を解決するためにどのようなことが必要となるのか。人によって、経験の有無によって、技術力の優劣によって、果ては直観力の優劣などによっても、解決に至るまでのプロセスや時間は大きく異なってくる。さらに、組織や職場のなかでは、発言力のある人の影響で解決方法がまったく変わってしまうことがしばしばある。

　そのため、問題解決のためには論理的な思考による合理性が特に必要とされ

る。なぜなら、科学的に検証できなければならず、多くの関係者からの納得を得る必要があるためである。こうしたことをすべてクリアしようとすれば、自ずと解決方法が見えてくるはずである。ここに、より良い解決方法を見出すために、日本が生んだ強力な道具がある。それが「問題解決法(問題解決ステップ)」である。いわゆる「QCストーリー」と呼ばれているもので、そこには問題をより効果的・効率的に解決するための手順と考え方が凝縮されている。問題解決法に関する解説書はたくさん出版されていて、本によって表現が微妙に異なっているところもあるが、おおむね図2.2のように表されている。

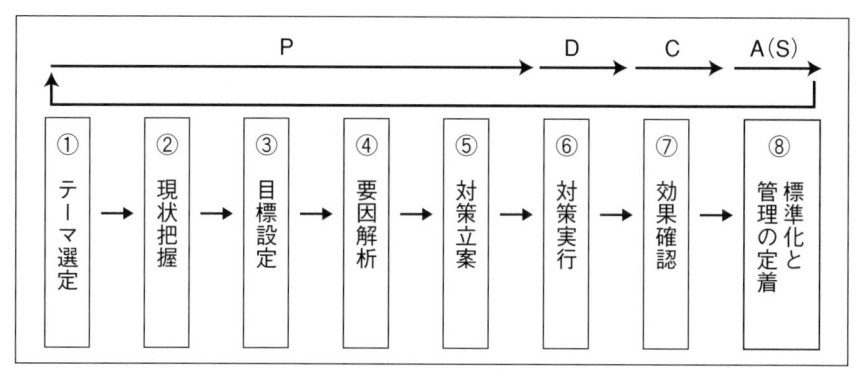

```
         P                    D    C    A(S)
①    ②    ③    ④    ⑤    ⑥    ⑦    ⑧
テーマ 現状 目標 要因 対策 対策 効果 標準化と
選定  把握 設定 解析 立案 実行 確認 管理の定着
```

図2.2　問題解決ステップ(QCストーリー)

　問題解決ステップの詳細については次節で解説するが、ここでは、PDCAサイクルとの関係に着目する。図2.2で示したように、問題解決ステップにおいて、「①テーマ選定」から「⑤対策立案」までが、PDCAのP(Plan)の部分に相当する。以下、「⑥対策実行」がD(Do)、「⑦効果確認」がC(Check)、「⑧標準化と管理の定着」がA(Act)にそれぞれ対応している。

　このことは、PDCAサイクルを回すことが問題解決の実践そのものであることを示している。デミング博士のサイクルからスタートした管理のサイクルは、PDCAサイクルに辿り着いたことで、経営の問題からあらゆる組織に潜むあらゆる問題の解決に役立つ道具・考え方となった。そして、問題解決ステップは問題解決の方法論として確立されたのである。

また、繰り返し同じ作業を行う場合を除いて、仕事の基本は「計画(Plan)を立て、それに従って実施(Do)し、その結果を評価(Check)し、必要に応じて修正する処置(Act)をとること」である。これは、PDCAサイクルそのものである(**図2.3**)。

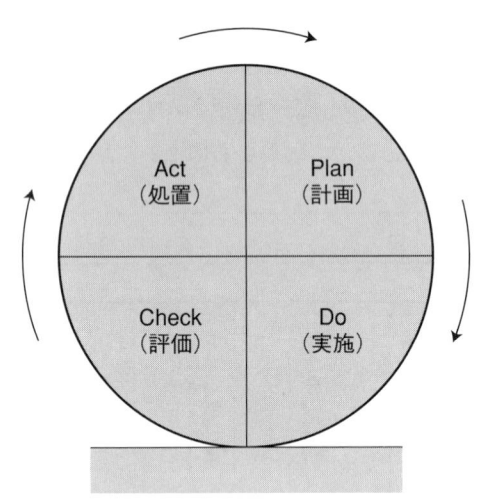

図2.3　PDCAサイクル(仕事の基本)

　多くの仕事は、PDCAサイクルにもとづいて遂行される。仕事とは問題を解決することそのものといえる。したがって、PDCAサイクルは仕事の基本であるとともに、マネジメントの基本とも位置づけられる。

　PDCAサイクルを回すことで、新たな価値が生まれる。これが"改善"である。今までのやり方を変えることで、今までにないアウトプットを生み出すことができ、その結果、お客様(後工程を含む)からは良い評価が得られ、満足度も向上する。仕事をするとは、新たな価値を生むこと、改善をすることである。裏を返せば、新たな価値を生まなければ仕事(改善)をしたとはいえないのである。

　問題解決ステップにはもう一つ重要なポイントがある。それは**図2.2**のPDCAサイクルが示すように、P(計画)の果たす役割が極めて大きく、重要

2.1 問題解決の基本的な考え方

であるということである。一口にP(計画)といっても、①テーマ選定、②現状把握、③目標設定、④要因解析、⑤対策立案までのすべてがP(計画)に含まれる。特に、「②現状把握」と「④要因解析」は、問題解決において極めて重要なステップである。問題が解決できないケースを見てみると、ほとんどの場合、「②現状把握」、「④要因解析」がうまくできていない。これは、経営レベルの問題から第一線の現場の問題まで、あらゆるケースについて当てはまる。

P(計画)、すなわち計画のできばえによって、問題が解決できるかどうかが、ある程度決まってしまう。十分な検討がなされず、思いつきで出てきたような対策を実施しても効果は出ない。むしろ、事態を悪化させてしまう恐れすらある。

図2.4は、P(計画)の充実度合と問題解決が完了するまでの工数の関係を模式的に表したものである。

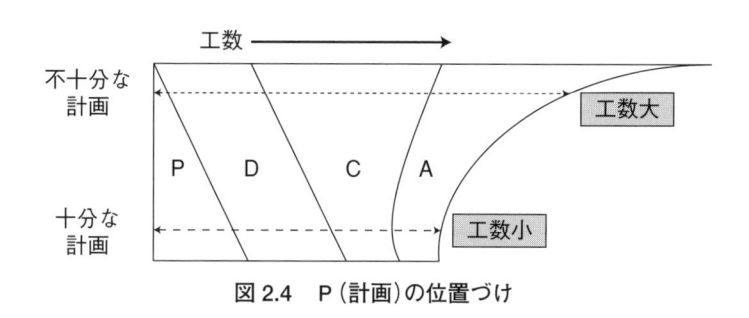

図2.4　P(計画)の位置づけ

図2.4は、P(計画)をしっかり立ててD(実施)すれば、C(評価)・A(処置)の時間が短くなり、効率的な業務遂行ができることを示している。反対に、P(計画)が不十分な場合は、やり直しが発生し、結果的に膨大な工数がかかることを示している。

次節では、問題解決のステップについて解説する。

2.2 問題解決ステップ

　問題解決ステップについては、すでに数多くの書籍が出版されており、解説も豊富にあることから、ここでは主にマネジメントの視点からの補足を試みる。

(1) テーマ選定

　何を解決すべきかについては、必要性から決めることになる。問題の重要性や優先順位、問題が拡大傾向にあるかどうか、問題の影響の大きさなど、さまざまな観点から判断するべきだが、主観が入って当然だし、できることは限られる。このとき何を解決すべきかを決定することが経営者、管理者の重要な役割となる。

　経営者は、「業績が低迷している」「人材が育っていない」「クレームが多い」など、多くの悩みを抱えている。こうした問題にどこから手を打っていくのかを考えて行くことが、戦略論につながってくる。また、管理者の場合は、「成果が出ない」「やり直しが多い」「人間関係が悪い」など、マネジメントに関するものが多く出てくる。一方、スタッフからは、日頃の困り事や、今、直面している問題が出てくる。こうしたなかからどのテーマに取り組むのかを、管理者はスタッフと相談して決める必要がある。

　さらに、QCサークルの場合は、自分たちの成長が実感できるようなテーマに取り組む必要がある。なぜなら、難しいテーマだと自分たちだけで解決することが困難で、達成感が味わえないからである。反対に、やさしすぎても満足感はなくなる。したがって、今の実力に応じたテーマ選定が求められる。QCサークルには、人材育成と明るい職場づくりに向けた活動が期待されているのである。

　テーマ選定でもう一つ重要なことは、目指す姿の明確化と共有である。設定すべき目指す姿はおおむね次の3つに分類される。

　　① あらかじめ定められた規格、基準などを満足している状態

② お客様・後工程の期待に応えるための、現状よりも高いレベルの状態
③ 今までにない、お客様・後工程の期待を超える価値を生み出している状態

最初の①の状態は、もともとある規格や基準に対して適合できるように設定されていたものが、何らかの影響により不適合となったため、もう一度適合させる必要が生じたことによる。目指す姿といっても、元に戻す・復旧することである。

②はお客様の要求・期待のレベルが現状よりも向上した、あるいはそうなることを見越しての対応である。目指す姿を一段高いところに置くことで、新たな価値が生まれる。改善はこの範疇となる。

③は今までの延長線上にないような価値を生み出すために、発想の転換が必要な状態といえる。大きな挑戦でもあり、革新はこの範疇となる。

上記の区分はしばしば、①問題発生型、②課題設定型、③イノベーションなどと表現されることもあるが、本書ではすべて問題解決として扱う。

(2) 現状把握

極めて重要なステップであるにもかかわらず、ほとんどの場合、十分できていない。問題が正しく認識されないまま対策実施のステップへいってしまうため、効果的な対策ができず、問題が解決されないことが多い。

そこでまず、現状の姿を客観的かつ定量的に認識しなければならない。これができないと、人による差が出て、問題の評価にばらつきが発生してしまう。Aさんにとっては大きな問題でも、Bさんは問題だと思わないかもしれないし、社長が問題だと騒いでも誰も動かない場合もある。反対に第一線のメンバーが大きな問題を発見して騒いでも、社長が何も手を打たない場合もある。その結果、会社が倒産してしまったなどということも起こりうるのである。では、そうならないためにはどうすればよいのか。ここで有効なのが「QC七つ道具」である。

「QC七つ道具」とは何か。2011年10月に制定された日本品質管理学会規格

第2章　問題解決―すべての基本―

「品質管理用語　JSQC-Std 00-001：2011」の17.1項に「QC七つ道具」の解説がある。そこには「品質管理を進めるうえで基礎になる、データのまとめ方に関するツールの集合。」とあり、注記1として「通常パレート図、特性要因図、ヒストグラム、グラフ／管理図、チェックシート、散布図、層別のことをいう。」と記されている。

ポイントは「データのまとめ方」にある。われわれの周りにはたくさんのデータがあるが、それらの「ばらつき」「変化」は必ずしも目に見えていない。「QC七つ道具」は、それらをわかりやすく表して、教えてくれる道具である。「QC七つ道具」を活用することで、関係者全員が「ばらつき」「変化」の実態を定量的に把握して共有することができるのである。

品質管理とは「ばらつき」「変化」との戦いであると第1章で述べた。この戦いは丸腰では戦えないため、「ばらつき」「変化」を打ち負かすための道具が必要になる。その最も強力な道具が「QC七つ道具」である。石川馨先生は「私のこれまでの経験では、企業内の問題の九十五パーセントまでは、この七つ道具の活用で解決できる。」(『日本的品質管理〈増補版〉』(日科技連出版社、1984年))と述べている。これは、「問題を特定して関係者で共有できれば、その95％は比較的容易に解決できるものだ」とも言い換えることができる。

そのためには、全員が「QC七つ道具」の正しい使い方を勉強して、上手に使いこなしていくことが求められる。近年、パソコンの普及により、グラフやパレート図などが簡単に作成できるようになったが、原点のとり方や横軸・縦軸の設定の仕方などがまちまちで、必ずしも適切な表し方になっていないケースが散見される。現地現物で集めた事実・データにもとづいて、現状をわかりやすく誰にでも正確に伝わるように表さなくてはならない。

現状の姿が明確になれば、どこに問題があるのか、目指す姿とのギャップも明確になる。これが問題の絞り込みである。現状把握とは、選定されたテーマに対してQC七つ道具などを活用して問題を絞り込み、定量的に表すことにほかならない。

(3) 目標設定

「何を、いつまでに、どのようにするのか」を宣言するステップである。明快なようだが、実際はそれほど簡単ではない。問題解決に取り組む場合、その期間はどんなに長くても半年程度であり、そこでなにがしかの成果が求められる。これ以上の期間となると、環境変化などで実施事項が陳腐化してしまう恐れがある。また、半年経っても何も変わらず先が見えないようでは、当事者の士気にも影響する。したがって、完璧な解決には至らなくても、マイルストーンを置いて取組みの経過が見えるようにしておく必要がある。目標設定では、このようなことも配慮しなければならない。

(4) 要因解析

まさにここが問題解決の正念場といえる。現状把握と同様、問題解決が成功しないケースでは、ほとんどの場合、要因解析が十分できていないのである。

ここでも、特性要因図(魚の骨)などのQC七つ道具の活用が求められる。さらに現地現物で「なぜなぜ」を繰り返し、真の原因(真因)に到達しなければならない。

「なぜなぜ」を繰り返すことの意味について補足しておきたい。よく「5回のなぜ」といわれるが、これは、1～2回のなぜでは真因に迫れないことを意味する。

例えば、次のような事例を考えてみよう。アルミ鋳物の製法の一つにダイカスト法がある。金型のなかに溶けたアルミの溶湯を高圧で注入し、金型内で固めて離型することで製品ができる。ダイカスト法は、金型の温度によって固まり方が変化するため、鋳造欠陥(鋳巣)のない健全な鋳物を作るためには、金型の温度管理が重要となる。そのため、金型内に孔を開けて水を流し、流し方を制御することで、金型温度を一定に保つようにしている。

ある日、ダイカスト法による試作品を作る工程で鋳造欠陥が発生し、不適合となった。

- なぜ1：金型の温度がいつもより高くなっていたからだ。

- なぜ２：金型を冷やす冷却水の温度がいつもより高くなっていたからだ。
- なぜ３：冷却水の温度を測る温度計が故障していたからだ。

　以上のような分析を経て温度計を新品に交換したところ、健全な試作品を予定どおりに納入することができた。ほとんどの場合、「これで問題は解決、めでたし、めでたし」となってしまうのだが、本当にこれで大丈夫だろうか。答えはノーである。

　おそらくこの工程では、いずれ同じ問題に遭遇することは間違いない。なぜ温度計が故障したのか、その原因を突き止めてそこに手を打たない限り、問題は再発してしまう。そこで、温度計が故障していた原因をさらに追究する。例えば次のようになる。

- なぜ４：寿命となったからだ。
- なぜ５：温度計の使用期間を把握していなかったからだ。

　ここまでくると、温度計の使用期間を把握して、寿命となる前に交換することを標準とすることで、同じ問題の再発を防ぐことができるようになる。ようやく真因に到達できたのである。

　この例では、「なぜ３」で故障した温度計を新品に交換したという処置が、「応急処置」となる。これでは現状復帰しただけであり、当面はよいかもしれないが、同じ問題の発生は防げない。「なぜ５」まで「なぜ」を繰り返すことで、初めて真因に到達できたといえ、ここに対策を施すことで、同じ問題の再発を防止できる。これが「再発防止」であり、「５回のなぜ」の意味するところでもある。

　「５回のなぜ」の原点はどこにあるのか。トヨタ生産方式の生みの親である大野耐一氏が、その著書『トヨタ生産方式』（ダイヤモンド社、1978年）のなかで次のように述べている。

　「一つの事象に対して、五回の『なぜ』をぶつけてみたことはあるだろうか。言うはやさしいが、行なうはむずかしいことである。…(中略)…五回の

「なぜ」を自問自答することによって、ものごとの因果関係とか、その裏にひそむ本当の原因を突きとめることができる。」

同書のなかに、「なぜ機械が止まったのか」から、「なぜ」を繰り返した事例が掲載されている（表2.1）。

表2.1 「5回のなぜ」の例1

問題：機械が動かなくなった	
なぜ1	オーバーロードがかかって、ヒューズが切れたからだ
なぜ2	軸受部の潤滑が十分でないからだ
なぜ3	潤滑ポンプが十分くみあげていないからだ
なぜ4	ポンプの軸が磨耗してガタガタになっているからだ
なぜ5	ストレーナー（濾過器）が付いていないので、切粉が入ったからだ
対策：ストレーナーを取り付ける　⇒　これで切粉による再発は防げた	

(出典)『トヨタ生産方式』（大野耐一、ダイヤモンド社、1978年）より筆者作成

この表では、5回目の「なぜ」の答えとして「ストレーナー（濾過器）がついていないから」が導き出されている。「なぜ5」により真因にたどり着くことができ、再発を防ぐことができたのである。

さらに大野氏は「五回の『なぜ』を繰り返す…(中略)…これはトヨタ式の科学的態度の基本をなしている」と述べている。「5回のなぜ」は、現地現物で仮説と検証を繰り返すことにより真因にたどり着くためのアプローチ、方法論といえる。

いかなる場合でも、「事実」が一番重視されなければならない。「事実」は自分の目で直接確認しなければならないが、必ずしもすべて確認できるわけではない。例えば、複数の要因が影響している場合、特にそれらに交互作用がある場合、化学反応など現象を直接見ることができない場合、感性の問題など定量化が困難な場合など、さまざまなケースが考えられる。このような場合、現地現物による事実確認と合わせて、SQCを用いた解析結果も活用して総合的に判断する必要がある。SQCは、こうした仮説・検証を繰り返すための一つ

のツールと位置づけることができる。あくまでも仮説を立てることが最初であり、そのうえでデータをとる。解析結果も重要だが、事実の確認がすべてに優先されなければならない。

「仮説・検証」「SQC」などの言葉が並ぶと、自分とは関係のない世界だと思われる読者も多いのではないだろうか。そこで、もう一つ例を示す（表2.2）。

表2.2 「5回のなぜ」の例2

問題：商品が欠品してしまった	
なぜ1	在庫が少なかったからだ
なぜ2	商品の入荷が間に合わなかったからだ
なぜ3	商品の発注の間隔（インターバル）が長いからだ
なぜ4	週1回しか発注できない仕組みになっているからだ
なぜ5	発注システムが週1回の設定になっているからだ
対策：発注システムの見直しによる発注タイミングの適正化　⇒　これで欠品の再発は防げた	

　表2.2は、商品が欠品したことに対する原因追究の例を示している。この例でも、「なぜ1」「なぜ2」で止まっている限り、急いで商品を取り寄せてその場をしのぐことになる。これでは、また同じ欠品騒ぎが起こってしまう。「なぜ5」まで自問自答を繰り返すことで、発注システムという真因にたどり着けたのである。

　要因解析は問題解決のなかでも極めて重要なステップであるにもかかわらず、十分な検討ができていないために、再発する問題が絶えない。また、問題は至るところで絶え間なく発生している。これらに的確に対処していくためには、あらゆる組織、職種、階層において、問題解決の基本の理解と実践での訓練が必要である。

　ここまで、原因追究の「5回のなぜ」を紹介してきた。現状の姿と目指す姿のギャップを埋めるために、何をどうすればよいのかを考える。すると、なぜを繰り返すたびに具体的な実施事項が出てくるので、論理的、かつ合理的な解決策が期待できる。さらに、科学的な解析もあれば、関係者の納得も得られや

すいのである。

　しかし、これとは対照的な「なぜなぜ」がある。目的追究の「なぜなぜ」で、これは、たいへんやっかいである。例えば、上司が部下に、「すまんが明日までに役員報告用の資料を作っておいてくれ」と言ったとする。控えめな表現ではあるが、指示である。ほとんどの場合、部下は「はい、わかりました。何とかします」と言って資料作りに着手するが、なかには、「なぜ資料をつくらなければならないのですか？」と言う部下もいるだろう。さらには、「資料を作る目的を教えてください。口頭報告ではなぜダメなのですか？」「なぜ明日までなのですか？」などと、質問をしてくることも考えられる。

　さて、この場合の上司の反応はどうか。丁寧に説明するケースはほとんどなく、たいていの場合、「そんなこともわからんのか！」と怒ってしまうだろう。目的を聞かれることは上司にとって最も嫌なことだ。なぜなら、指示する側で事前に原因追究の「なぜ」ができていれば的確な指示ができるのだが、なかなかそうならないという現実があるからである。なかには、思いつきの場合もあるだろう。上司が一度口に出したことを部下の一言で翻すのは、上司の沽券に係わってくる重大事であるため、このような事態に陥るのである。自分の検討不足は明らかなのだが……。

　上記の例では、事前に「なぜ役員への説明が必要なのか」という疑問点を上司と部下が共有しておけばよかった。そうすれば、資料作りの前に説明の内容やタイミングなどについても検討できたはずである。また、こうすることで、頻繁に発生する説明資料の書き直しも未然に防ぐことができる。このようにメリットの多い目的追究の「なぜ」だが、問い掛けるほうも問い掛けられるほうも、お互いの立場を尊重しなければならない。目的追究の「なぜなぜ」は、TPOをよく考えて活用しなければならないのである。

(5)　対策立案

　要因解析で真因にたどり着くことができれば、後は実行あるのみである。しかし、やみくもに実行しても成果にはつながらないので、対策内容を整理し

て、実行計画をしっかり立てなければならない。つまり、5W1Hの明確化である。

　よくあるケースは、多くの対策案が出てきた場合に、それをすべて実行しようとしてしまうことである。要因解析では、要因効果を定量的に把握することもできるので、最も効果的と思われる対策案から実行に移すべきである。「限られた時間で、マンパワーを最大限有効活用するために何に取り組むのか」を考えることが意思決定である。

　また、計画を立案することなく、できることから実施していくケースも散見される。そこには、多くの関係者が存在するはずであるから、これから取り組む内容を文書化し、共有しておくことが重要なポイントとなる。簡単なメモ書き程度でも構わないので、実行計画書を作成しておくことが望ましい。

(6)　対策実行

　前項の**(5)対策立案**まで実施して、ようやくPDCAサイクルのP（計画）ができたことになる。たくさんのステップがあるため、Pの実行には多大な労力と時間がかかる。ここまでで疲れ切ってしまうこともあるが、どんな立派な計画を立案しても、それが実行されなければまったく意味がないので、計画どおりやりきらなければならない。

　上位の管理者はこれらの実施に際して、期待、関心を示し、必要に応じて経営資源の新たな投入や、部下が働きやすくなるための支援をする。無関心でいたり、結果だけを問うようなことは慎むべきである。

(7)　効果確認

　実施した対策内容によりどの程度効果が出たのかを評価する。狙いに対して、それ以上だった（◎）、ほぼ狙いどおりだった（○）、少しは効果が認められたが狙いまでは届かなかった（△）、まったく効果が出なかった（×）、といった評価が一般的である。ここで注意すべきことは、結果に対する評価ではなく、あくまでも対策内容に対する評価でなければならないということである。

効果の確認においては、次の4つのパターンが考えられる。
　① 対策はほとんど実施し、期待どおりの成果が得られた。
　② 対策はほとんど実施したが、成果は得られなかった。
　③ 対策はほとんど実施しなかったが、期待どおりの成果が得られた。
　④ 対策はほとんど実施せず、成果も得られなかった。
①と④については妥当な結果と思うが、②と③はどうしてそうなったのか、しっかり検討しなければならない。②では、「要因解析が的確でなかった」「環境が変化して対策内容が不適であった」などが考えられる。結果は出なかったが、努力は評価されるべきである。また、次のPDCAサイクルに向けて、スパイラルアップしていくことが期待できる。最も良くないのが③である。自力ではなく、他力で結果が出たのである。一時的には良いかもしれないが、恐らくすぐに元に戻るか、さらに悪くなってしまう可能性がある。また、結果オーライではあるが、努力は認められず、対策内容に対する評価もできない。常に①のパターンとなることを目指して努力しなければならない。

(8) 標準化と管理の定着

　効果の出た対策の内容を標準化して、その後の取組みに反映、徹底させていく。こうすることで、同じ問題の再発を防ぐことができる。標準が絶えず見直されていれば、最も上手なやり方を誰でもどこでも実践できるようになる。標準とは、ある意味、その時点でのベストプラクティスとみなせるのである。

　標準の作成に対しては「標準はすぐに陳腐化してしまう」ために、「作っても意味がない」「工数が多くかかるため作るのは後回しになってしまう」「作る優先順位が低い」などの声がよく聞かれる。確かに表面的にはそうかもしれないが、標準が作られないために多くの失敗ややり直しが発生していることにも目を向けなければならない。少しの手間を惜しんだために、莫大な事後処理の工数をかけていることになっていないか、もう一度、現場をよく見てくるべきである。

2.3　実践事例　―問題解決の実践で顧客の信頼を獲得して業績アップ！―

　Y社は、自動車部品の製造を中心とした中堅メーカーである。

　かつて主力商品であったA部品は、自動車を構成するBユニットに使用されていた。しかし、自動車の性能向上のためにBユニットの構造変更が計画され、A部品は廃止されることになった。代替品はなく、このままでは、Y社の売上げは数年後に半減する見通しとなった。

　当時、社長はたいへんな危機感を覚えたが、この状況をチャンスと捉え、これを乗り越えるために新しい商材にトライした。また、「Bユニット事業経営の確立から物づくり提案型企業へ」という目標を掲げ、人材の育成に地道に取り組んだ。

　優秀な人財（Y社では"財"と記している）とは、自分の専門性をしっかりと磨き上げるとともに、幅広い分野の能力を高めた人と位置づけた。そして、QCサークル活動などの既存の活動をベースに、「企業は人なり」という信念にもとづいて、社内外の教育を組み合わせて人財の育成を図った。

　新商材を生産するためには、Y社では初めてとなる工法を導入する必要があった。そのため、試作品の製造と評価は重要な位置づけとなった。特に、発注元である顧客からの要求仕様をすべて保証しなければならなかった。そこで役に立ったのが、外部機関のセミナー受講で学んだ統計的な品質管理の内容であった。

　配置実験や直交配列実験を活用して、新工法による加工の最適条件を設定した。また、量産条件も確立して条件管理を徹底することで、要求仕様を保証することができた。試作段階でこうしたデータ・解析にもとづいた品質保証の説明は、顧客の信頼を獲得するのに十分であった。Y社にとってはレベルの高い製品ではあったが、人財の育成が力となり、魅力ある新商材の取込みができる基盤が確立されたのである。

　Y社は、その後もさまざまな分野からの受注に成功し、海外展開も充実させるなど、業績は好調となった。また、A部品に代わる次の柱も見えてきた。こ

うした成果に対して、社長は「(Y社は)現場がセールスマン」「1個の製品がすべての信頼を生む」として、「お客様に今流れている現場、QCDSMでスパイラルアップを図っている姿を見ていただき『うーん。なるほどな』と、うなっていただける現場を作り上げるという信念で活動を継続している」と述べている。

　一人ひとりがそれぞれの立場でSDCA・PDCAサイクルを回して、問題解決を実践し続けてきたことが、売上半減の危機を回避し、業績をさらに伸ばすことにつながったのである。人財の育成により、大きな成果が得られた事例といえる。

第2章のまとめ

- 「問題」とは「現状の姿」と「目指す姿」とのギャップである。
- したがって「問題解決」とは、「現状の姿を目指す姿にすること(ギャップを埋めること)」となる。
- 仕事の基本は問題解決である。
- 問題解決ステップ(QCストーリー)は問題解決の方法論として日本で確立されたものであり、問題を効果的・効率的に解決するための手順と考え方が凝縮されている。
- PDCAサイクルは、問題解決ステップに対応している。特にP(計画)には「現状把握」「要因解析」などのステップが含まれており、P(計画)の果たす役割は極めて大きく重要である。
- 問題解決では、「QC七つ道具」「なぜを繰り返す真因の追究」などの手法を活用することが有効である。

第2章の演習問題

　会社経営、職場運営で、最も困っていること、悩んでいることを1つ挙げてください。その問題はなぜ発生しているのですか。その要因(原因)を考えてみてください。

［問題］

［要因(原因)］

第3章 風土づくり
――一人ひとりの品質意識の向上――

3.1 仕事の意義・目的の共有

3.1.1 石切り場の寓話

　ヨーロッパに伝わる石切り場の寓話がある。さまざまな書籍で紹介されているが、ここでは、『真実の瞬間』(ヤン・カールソン、ダイヤモンド社、1990年)からエピソードを紹介する。

　著者のヤン・カールソンは、1980年代に北欧スカンジナビア航空の経営再建に取り組んだ。「航空会社では、航空券販売係や客室乗務員などの最前線で働く従業員の最初の15秒間における接客態度が、その航空会社全体の印象を決めてしまう」として、カールソンはその15秒を"真実の瞬間"と呼んだ。そして重要なのは、「顧客に直接接する最前線の従業員が提供するサービスの質」とした。さて、その寓話を、少し長くなるが『真実の瞬間』から引用する。

　「花崗岩の石材を切り出していた二人の石工の話を例に引くのが、私の経験を要約する最も適切な方法だろう。石切場にやってきた男が、石工に何をしているのか、とたずねた。

　一人の石工は不機嫌な表情で、「このいまいましい石を切っているところさ」とぼやいた。別の石工は満足げな表情で、「大聖堂を建てる仕事をしているんだよ」と誇らしげに答えた。

　完成した暁の大聖堂の全容を思い描くことができて、しかもその建設工事

の一翼を担っている石工は、ただ目前の花崗岩をみつめてうんざりしている石工よりはるかに満足しているし生産的だ。真のビジネスリーダーとは大聖堂を設計し人々にその完成予想図を示して建設の意欲を鼓舞する人間のことである。」

同じ石を切り出すという仕事でも、大聖堂を思い描いて石を切り出している石工は、仕事に対する誇り、やりがいをもって日々の作業に取り組んでいることだろう。「自分の仕事が多くの人の役に立っている」「すばらしい価値を提供している」という思いは、「どうしたら寸法のばらつきを小さくしてもっと正確に切り出すことができるか？」「皆で協力すれば、もっと効率良く石を切り出すことができるのではないか？」などの意識を呼び起こす。

　これはどの会社でも同じである。第一線の従業員一人ひとりが、自らの仕事の価値・役割を認識して、お客様に接することができれば、そのサービスの質は高まり、お客様の満足度も高まっていく。その結果、会社全体への評価も高まり、業績も向上することになる。

　仕事の意義・目的を明確にして、一人ひとりがそれを自覚し、共有することが、いかに重要なことか改めて認識しておく必要がある。

■ 3.1.2　使命（ミッション）の理解

　使命という言葉の他に英語のミッションもよく使われるが、本書では日本語の「使命」を用いることにする。

　『岩波国語辞典　第二版』には、「使命」は「与えられた任務」とある。モノ・サービスを生み出すことは、ほとんどの場合一人ではできない。共通の目的・目標をもった人々が集まり、それぞれが協力し合うことで、初めて一つのモノ・サービスを生み出すことができる。このことが会社や組織が存在するゆえんであり、それらの「使命」となるのである。

　会社や組織のなかで、一人ひとりが勝手にやりたいことをやったのでは、物事はうまく進まない。そのため、分担した役割（任務）を果たすことが必要とな

る。この役割(任務)も「使命」である。会社や組織だけでなく、それぞれの部署や個人にも「使命」がある。再度、『真実の瞬間』から引用する。

「人はだれも自分が必要とされているということを知り、感じなければならない。人はだれも一人の人間として扱われたいと望んでいる。責任を負う自由を与えれば、人は内に秘めている能力を発揮する。情報をもたない者は責任を負うことができないが、情報を与えられれば責任を負わざるを得ない。」

使命を明確にして、全員で共有することがいかに重要なことなのかが書かれている。使命は自分たちの存在意義そのものであり、企業や組織のなかで情報が共有されることで、一人ひとりのなかに使命を果たすことへの責任感も生まれてくるのである。

仕事には必ずアウトプットがある。そのアウトプットを受け取る人がお客様である。お客様は同じ組織のなかにいる場合とそうでない場合がある。同じ組織にいる場合は「後(次)工程はお客様」といえる。同じ組織でない場合は顧客といえ、B to B(Business to Business、企業間の取引)、B to C(Business to Consumer、企業と一般消費者の取引)の2通りの取引形態にモデル化できる。いずれの場合も、

① どのようなお客様(後工程を含む)を対象とするのか
② どのような価値を織り込むのか
③ どのようなモノ・サービスを(どのように)提供するのか

の3つが共通の要件となり、この3つの要件を併せたものが使命である。

上述の石工の場合を考えると、後工程が石を運搬する工程だとして、

① 後工程である運搬工程に対して
② 新たな大聖堂の建設に使用することができる
 (形状、寸法精度、荷姿、原価、生産量などを満足している)
③ 花崗岩の石材を(チームワークを発揮して)提供する

が、その使命を構成する。特に②の織り込むべき価値を決定する部分が最も重要である。ここが曖昧だと、後工程を含めたお客様からの満足が得られない。そうなれば、石工は「このいまいましい石を切っているところさ」となってしまう。反対に、織り込むべき価値を満たした石材を切り出している石工は、「大聖堂を建てる仕事をしているんだよ」となるのである。品質とは「もののよしあし・ねうち」であり、その評価尺度(モノサシ)はお客様がもっている。お客様の要求・期待に応えることができる価値を明確にして、使命に織り込んでおかなければならないのである。

Column 1

　ある会社の営業担当の人たちに「あなたのお客様は誰ですか？」と聞いてみた。すると、すぐに「(取引先の) A社です」と答えが返ってきた。そこで、「A社は人ではありませんね。お客様の顔を思い浮かべてください。どなたの顔が浮かびましたか？」と迫ると、すぐには答えが返ってこなかった。さらに、同じ会社の管理部門の人たちに同じ質問をしたところ、驚くべきことに、「お客様はいません、営業ではありませんから」と答えた社員がいた。自分の業務が何のために存在しているのかを、まったく考えずに仕事をしている証拠である。これでは、お客様の期待に応えていくことは難しい。

　自分のお客様が誰なのかをよく考えることで、「気づき」が生まれる。何をすればお客様の期待に応え、満足してもらえるのかが見えてくる。これが、顧客志向、お客様第一の原点である。「気づき」を組織やシステムを通じて実現し、PDCAサイクルを回しながら施策の効果を確認していく。うまく回り出せば、"質創造"の目指す姿に近づいていけるのである。

3.1.3 目指す姿(ビジョン)の共有

　果たすべき使命はいつまでも同じではない。会社、組織を取り巻く環境は絶えず変化しているので、お客様の要求・期待も変化するからである。これに応え続けていくためには、提供する価値も変えていかなければならない。そこで、中長期(3～5年程度)的な視点から、予測される環境変化を踏まえて、「目指す姿」を明確にしておくことが極めて有効となる。「目指す姿」のことを、ありたい姿、ビジョンなどと呼ぶこともあるが、本書では、それらすべてを「目指す姿」とする。

　目指す姿とは、使命で定めたお客様に提供している現在の価値を、いつまでにどのレベルまで高めていくのかを描いたものといえる。この目指す姿は、あくまでもお客様の期待に将来も応え続けていけるものでなくてはならない。そのうえで、会社として、職場として、どのような状態にしたいのかを考える。そこに働くすべての人が共感でき、夢や希望をもてるものが望ましい。

　目指す姿(ビジョン)の具体例として、NASA(National Aeronautics and Space Administration)の事例が有名である[1]。"President Kennedy's bold challenge set the nation on a journey unlike any before in human history—a journey to land on the moon.（ケネディ大統領の大胆な挑戦は、月面への上陸という人類史上初めての旅に米国を導いた)"として見事実現した。そして、現在の使命は"To reach for new heights and reveal the unknown so that what we do and learn will benefit all humankind.（未知なるものを解明し、新たなレベルへ到達することで全人類に恩恵をもたらす)"としている。

　目指す姿を明確にして、メンバー全員で共有することの意義は大きい。このことが、「大聖堂を設計し人々にその完成予想図を示して建設の意欲を鼓舞する」ことにつながっていく。これはどんな企業・組織においても、その規模に関係なく必要なことである。

　特に、近年は先行きが不透明であり、目指す姿も設定しがたい状況では

---

[1] http://www.nasa.gov/

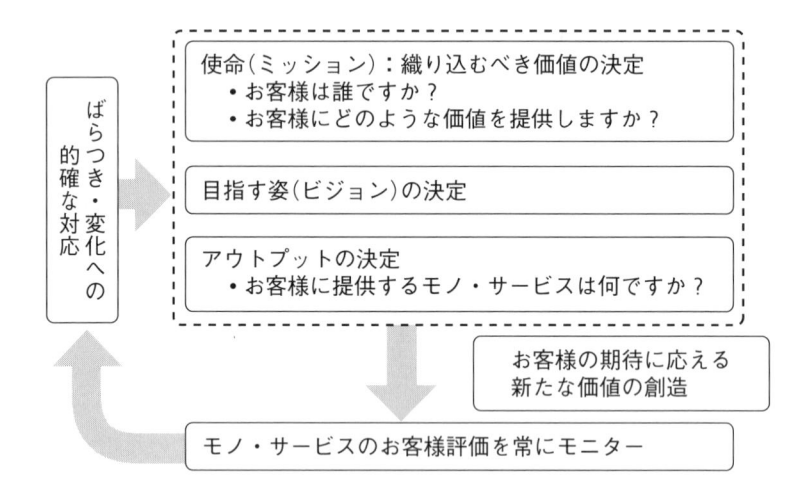

第3章 風土づくり―一人ひとりの品質意識の向上―

```
ばらつき・変化への的確な対応
  ┌─────────────────────────────────┐
  │ 使命（ミッション）：織り込むべき価値の決定 │
  │  • お客様は誰ですか？              │
  │  • お客様にどのような価値を提供しますか？│
  ├─────────────────────────────────┤
  │ 目指す姿（ビジョン）の決定         │
  ├─────────────────────────────────┤
  │ アウトプットの決定                  │
  │  • お客様に提供するモノ・サービスは何ですか？│
  └─────────────────────────────────┘
              ↓
     お客様の期待に応える
     新たな価値の創造
              ↓
  モノ・サービスのお客様評価を常にモニター
```

図 3.1　使命および目指す姿の意義

あるが、常に前を向いて成長していかなければならない。企業は「Going Concern」なのである。

図 3.1 に、使命および目指す姿を明確にすることの意義を示す。いずれも自ら決めなければならず、そのうえで、新たな価値を織り込んだモノ・サービスを作り込み、お客様に提供する必要がある。また、市場でのお客様の評価は、常にモニターしなければならない。なぜなら、取り巻く環境の変化は激しく、お客様の嗜好も移り変わっていくからである。こうしたことに的確に対応していくことを通じて、使命および目指す姿も見直されていくことになる。経営、マネジメントの出発点がここにあるのである。

3.2　コミュニケーションの意義と重要性

3.2.1　人間の宿命

なぜコミュニケーションが重要なのか、ここで改めて考えてみよう。人の歴史を辿ると、その宿命が見えてくる。「人は一人では生きていけない、人はモノを作らないと生きていけない」のである。そこで、一人ひとりが何がしかの

役割を担うコミュニティ（共同体）が発達した。家族から始まって、集落が形成され、やがて村、町、都市へと発展した。一方、家内工業は町工場、企業となり、世界的なグローバル企業も出現した。同様に、農業や小売業、サービス業などでも、さまざまな共同体がこの世に発生してきたのである。

人はこうした共同体の一員となることで、モノ・サービスを生み出して生活を営んできた。その際、お互いの意思疎通ができていないと、うまく機能しないため、言葉や文字を人は使いこなしてきた。他の動物は家族などの小さい共同体はあるが、モノを作らなくても生きているし、言葉や文字がなくても十分意思の疎通が図られる。しかし、人はそうはいかず、それぞれの思いや考えを伝えなければ何も生まれないのである。

3.2.2 コミュニケーションの意義

人は言葉や文字を使うことで、思いや考えを相手に伝えられるようになった。コミュニティにおいて、お互いの意思の疎通を図る手段がコミュニケーションである。一人では不可能なことでも、コミュニケーションを通してお互いが協力し合うことで、人はモノ・サービスを生み出してきた。コミュニケーションは今日の人類の繁栄のベースであり、極めて重要な役割を担ってきたといえる。

それでは、企業や職場におけるコミュニケーションはどうだろうか？　ここでも、極めて重要な役割を担っていることに変わりはない。人類の歴史と同様に、コミュニケーションが企業や組織にも繁栄をもたらしてきたのである。しかし、それがあまりにも当たり前のことであるため、その意義や重要性に対する意識が低下してしまっているケースが数多く見られる。

一方的に思いや考えを伝えたくても、その内容が必ずしも相手に伝わっているとは限らない。むしろ、1回話したぐらいでは、ほとんど相手には伝わっていないと思ったほうがよい。『1人でも部下・後輩を持った人のためのコミュニケーション力』（川島冽、すばる舎、2002年）のなかに、興味深いデータが示されている。ある会社の役員会議での決定事項の主旨が、社員にどのくらい正

確に伝わったかを調査した結果、一般社員ではわずか20％だったという。また、送り手の伝えたい情報が受け手の行動に反映される割合も、6％に過ぎないというデータも示されている。自分の考えや思いを相手に伝えることがいかにたいへんなことか、改めて認識させられる。

　企業や組織には、コミュニケーションを図るための仕組みやツールが整備されている。その仕組みとしては、役員会議を始めとする各種会議体、週1回のグループ（係）ミーティング、朝礼などの定例ミーティングなどが挙げられる。ツールとしては、各種報告書、電話、メールなど、さまざまである。こうした仕組み、ツールの活用によるコミュニケーションをとおして、会社や組織を取り巻く環境の変化、いつもと違う異常発生などの情報の共有が図られていく。さらに、それぞれの使命や目指す姿についても、随時、見直しが行われていくのである。このように、企業や組織におけるコミュニケーションは、極めて重要な役割を担っている。単に集まって話し合う定例のミーティングや、あらかじめ書くことが決まっている形式的な報告書などでは、コミュニケーション本来の役割を果たしているとはいえない。何のためのコミュニケーションなのか、その目的、意義、重要性を常に問い続けておかなければならない。

■ 3.2.3　ハインリッヒの法則

　労働災害に関する有名な研究成果として、ハインリッヒの法則がある（図3.2）。1件の重大災害（アクシデント）が起こる背後には、29件の軽微な災害（インシデント）が潜み、さらにその背後には、300件のヒヤリハットがあるという経験則である。

　ハインリッヒの法則は、作業安全の分野だけでなく、世の中で起こっている重大な事故や問題についても、当てはまるのではないかと考えられる。個々の値の絶対値はともかくとして、大きな問題が発生するときには、必ずその兆候が見られる。こうした兆候にいち早く気づいて的確に対応し、重大な事故や問題の発生を未然に防ぐことが、経営に課せられた重要な使命なのである。あくまでも後追いの推論ではあるが、最近発生した出来事について、コミュニケー

重大な災害1件
（アクシデント）

軽微な災害29件
（インシデント）

ヒヤリハット300件

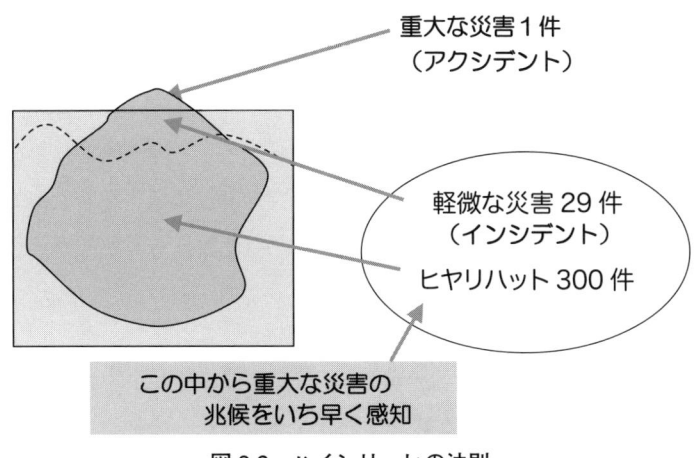

この中から重大な災害の
兆候をいち早く感知

図3.2　ハインリッヒの法則

ションの観点から考察してみたい。

(1) 鉄道脱線事故の考察

2005年4月25日に発生したJR西日本福知山線での電車の脱線事故は、多くの死傷者を伴う大惨事となった。それから2年後の2007年6月28日に、国土交通省の航空・鉄道事故調査委員会が最終報告を公表している。この翌日の日本経済新聞(2007年6月29日付朝刊)に掲載された記事から事故を振り返ってみる。

運転士は事故現場の手前の駅に停車する際に、ホームをオーバーランして停車したため、車両をバックさせて正規の位置に停め直さなければならなかった。このため、車両の運行に遅れが発生した。当時JR西日本ではこうしたミスを犯した乗務員に対して、乗務から外して日勤扱いで、顛末書作成などをさせる教育を行っていた。

運転士も亡くなっているため、事故発生時の心理状態は定かではないが、遅れを取り戻さなければということに併せて、日勤教育や懲罰処分へのプレッシャーを感じていたことに疑う余地はないだろう。とても運転に集中できていたとは思えない。ましてお客様である乗客のことに思いを馳せることはなかっ

たであろう。

事故調査委員会の最終報告書(要旨)には、次のように記されている。

「インシデントを起こした運転士にペナルティーと受け取られることがある日勤教育や懲罰処分をし、さらに報告の怠りや虚偽報告をした運転士にはより厳しい日勤教育、懲罰処分をするというJR西日本の運転士管理方法が事故に関与した可能性が考えられる。」

さらに同報告書の建議の最初の項目には、「鉄道事業者がインシデントを的確に把握できるよう非懲罰的な報告を勧奨する取り組みを推進すべきだ。インシデント情報を総合的に分析し、その成果が他の事業者においても活用されるような方法も調査、研究すべきだ。」と記されている。

インシデント情報が共有できない組織とは、どのような組織なのだろうか。ハインリッヒの法則では、インシデントに至る前のヒヤリハット情報こそ共有すべきものとされている。もちろん共有するだけではなく、その都度、再発防止のための対策が講じられなければならない。この対策の積み重ねがあって初めて、重大な事故が未然に防げるのである。したがって、この脱線事故の真の原因はどこにあるのか、徹底的に要因解析が行われなければならない。限られた情報からではあるが、なぜなぜ分析による要因解析の例を表3.1に示す。

この場合、手前の駅に停車したときにオーバーランをしてしまったことが問題として追究されなければならない。おそらくこの問題は初めてのことではなく、以前から発生していたものと思われる。しかし、インシデント、ヒヤリハットが共有されていなかったため、問題を問題として認識できていなかった、あるいは問題とわかっていても、対策を講じることもなく、そのままにしておいたのかもしれない。

電気通信大学教授で日本信頼性学会会長の鈴木和幸先生は、その著書『未然防止の原理とそのシステム』(日科技連出版社、2004年)のなかで、「問題なのは、問題があることでなく、それを隠し、そのまま潜在化させておくことである」

表 3.1　要因解析の一例

問題：電車が脱線した	
なぜ 1	（なぜ脱線したのか） 制限速度をオーバーしたまま急なカーブに進入したから
なぜ 2	（なぜ制限速度を守らなかったのか） 電車が予定よりも数分遅れて走行していたから
なぜ 3	（なぜ電車が遅れたのか） 手前の駅に停車時、バックして正規の位置に停め直したから
なぜ 4	（なぜ正規の位置に停め直したのか） ホームをオーバーランしたから
なぜ 5	（なぜホームをオーバーランしたのか） ……から
対策：オーバーランが発生したことの原因追究　⇒　**真因の究明と対策立案**	

と述べている。

表 3.1 において、「なぜ 2」の制限速度を守らなかったことに対しては、他にもいくつか要因が考えられる。特に、「遅れを取り戻せないと、また日勤教育を受けなければならない」という運転士の心理状態は大きい。さらに、この場所にはスピードを自動で制御する安全装置がなかったことも要因といえる。しかし、こうした要因は、そもそも遅れが発生しなければ出てこない、あくまでも副次的なものであることに留意すべきであろう。したがって、なぜホームをオーバーランしてしまったのか、この原因追究を徹底的に行い、真の原因にたどり着かなければならない。

(2)　原発事故の考察

2011 年 3 月 11 日の東日本大震災により発生した東京電力福島第一原子力発電所の事故による被害は、あまりにも大きく、まさに未曾有の大惨事となった。第三者を含む多くの関係者によって、さまざまな調査が行われ、対策の方向性は示されている。ここでは震災直後、ある書店の店先で目に留まった『岩波ブックレット No.582　検証　東電原発トラブル隠し』（岩波書店、原子力資料準備室　編）から引用する。そこには、1990 年代に東京電力の原子力発電所

で発生したトラブル(インシデント)について書かれている。この小冊子の発行は2002年である。十年一昔というが、かなり以前のものである。このなかに、「今回の事件を契機として長年の馴れ合い構造を断ち切らなければ、原発の老朽化が進む中で、それこそ大事故を待つようなものです。」という記述がある。

東京電力では、原子力発電所において多くのインシデントが発生していたにもかかわらず、それを積極的に公表することはなかった。そのため、問題を問題として認識できず、現状把握、要因解析にもとづく的確な対策が講じられてこなかったであろうことは容易に推察できる。こうしたことが続けば、いずれ大きな事故を引き起こすことになると、この小冊子の編者は2002年の時点で警告を発していたのである。極めて残念なことに、企業の風土は変わることなく、2011年3月の大惨事に至ってしまった。

「想定外」という言葉を使うということは、問題解決の視点から見ると、要因解析(この場合はFTA(Fault Tree Analysis)による故障解析など)が不十分であることを意味する。前出の鈴木和幸先生は、さらに、「予測できないモノは防げない」として、「予測しようとすること」の重要性を説いている。こうした努力を熱心に行わなかった組織は、コミュニケーションによる問題の共有や意思疎通もないままに、「大事故を待つ」ことになる。その代償はあまりにも大きい。どうして組織風土の改善が進まないのかについて、原因追究を徹底的に行い、真の原因にたどり着かなければならない。

(3) リーマンショックの考察

リーマン・ブラザーズの経営破綻に端を発した、いわゆるリーマンショックは、2008年9月に発生した。米国における株価暴落、企業倒産は、日本にも深刻な影響を及ぼした。

トヨタ自動車(以下、トヨタ)は、リーマンショック前年の2007年度に、売上高、営業利益ともに過去最高を記録して、販売台数でも世界一に迫っていた。しかし、2008年度(2009年3月期)の決算では、創業以来初めてとなる営業赤字に陥った。なぜこれほどまでの大きな落ち込みとなったのか、当時の記

録を追ってみる。

2008年12月27日の朝日新聞に掲載された「情報届かず意思決定『ブレーキ』機能せず」という見出しの記事には、「トヨタは2008年7月、アメリカにある一つの工場の操業を一時停止する決定をした。…(中略)…当時のアメリカは、ガソリン価格の高騰やサブプライムローン問題の影響で、アメリカの工場で生産した車に買い手が付かず、(販売)店の在庫置き場が満杯になりそうだったからだ。」と記されている。そして「関係者からは、『もっと早く手を打っていれば、生産停止に追い込まれることはなかった』などの声があり、トヨタの意思決定の問題点が指摘された。」とある。

この記事からもわかるように、米国で急速に車が売れなくなっていたにもかかわらず、的確な対応が遅れてしまったことが事態の悪化を招いたといえる。しかも、販売第一線の声が本社に正確に届かず、意思決定を遅らせたのである。異常の発生を現地で事実・データにもとづいて共有できるようなコミュニケーションが、当時必要とされていたのだと思われる。

3.2.4 正直にものが言える職場風土づくり

ここまで述べてきたことは、「異常の発生に気づいても共有しなかった」「タイムリーな報連相ができていなかった」など、コミュニケーションがうまく図れなかった結果、大きな問題が引き起こされたケースである。

なぜコミュニケーションが適切に図れないのかを考えてみよう。人は皆、いつもと違うことに遭遇した際には、少なくとも身近な人(直属の上司や先輩、同僚など)に伝えようとするものである。しかし、その異常が自らの失敗やミスによって引き起こされた場合は、必ずしもそうならない。正直に話をしたのに、訳も聞かずに管理者や上司が叱ったり、怒ったりするような環境では、影響がお客様に直接及ぶような大きな問題でない限り、当人もしくはその極近い人たちだけで、応急処置をしてしまうのではないだろうか。つまり、異常の発生を隠してしまうのである。こうなると、異常や不良の発生が関係者と共有できなくなるため、応急処置で留まり、根本的な対策が進まなくなる。真の原因

を追究して対策を施すことがないため、また同じような不具合が発生する。これを繰り返していると、ハインリッヒの法則から、いずれ取返しのつかない大きな事故が発生してしまうのである。

本人が「しまった」と反省しているにもかかわらず、上司が追い打ちをかけることは、本人の意識・意欲を低下させるだけでなく、企業・組織にとっても大きな損失を伴うことになる。異常が発見されたら放っておかず、関係者による素早い対応、迅速な解決を図っていかなければならない。たとえその内容が企業・組織にとって不都合な事実であっても、コミュニケーションのとれるオープンな職場風土づくりが極めて重要なのである。

3.3 風土づくりの実践事例

3.3.1 QCサークル活動

どのような企業・組織でも、職場にはさまざまな問題解決を図るための、いくつかの取組みがある。その問題に関係する人たちが何人かでチームをつくり、リーダーの下、目的、目標、取組み計画などを共有して、問題解決ステップに沿って活動していく、あるいは、共通の問題を抱えている人が集まって何人かでチームをつくり、リーダーの下、活動を進めていくなどである。こうした取組みは、一般に小集団活動と呼ばれる。小集団活動には、例えばワーキンググループやプロジェクトチーム、さらにはクロスファンクショナルチームなどがある。

小集団活動は、実際の問題を解決することが目的となるため、改善の効果、すなわち成果が求められる。また、参画した人にとっては、能力の発揮、向上が期待できる。現状把握、要因解析などの実践を通して、専門知識の習得とともに分析力や判断力が養われる。さらに関係組織を巻き込むことで、リーダーには行動力や調整力、リーダーシップが培われていく。小集団活動は、仕事の成果だけでなく、人材育成の観点からも重要な役割を果たしていることが伺える。

一方で、成果を第一義の目的とはせず、人材の育成、活力ある職場づくりを優先させた活動もある。これが日本の生んだ世界に誇るQCサークル活動である。1962年に誕生したQCサークル活動は、半世紀を超える発展の歩みを経て、現在では世界中の多くの企業・組織に展開されている。活動の推進、展開を担う日本科学技術連盟（日科技連）にあるQCサークル本部では、その活動の基本理念を次のように定めている（表3.2）。

表3.2 QCサークル活動3つの理念

QCサークル活動の基本理念
人間の能力を発揮し、無限の可能性を引き出す。
人間性を尊重して、生きがいのある明るい職場をつくる。
企業の体質改善・発展に寄与する。

（出典） QCサークル本部 編(1970)：『QCサークルの基本』、日本科学技術連盟

3つの理念が定められているが、この順番が重要である。まずは、「人間の能力を高めて発揮させること」、次が「明るい職場づくり」、そして最後が、「企業の発展に寄与（成果）」となっていることに留意したい。一人ひとりが能力を発揮し、活き活きと働くことができれば、その結果として、企業の体質改善が進み、発展できるということを意味している。QCサークル活動の目的は、「一人ひとりの能力向上と明るい職場づくり」であり、これは企業の「風土づく

表3.3 小集団活動とQCサークル活動

	リーダー	活動メンバー	活動の目的
小集団活動	職場第一線のリーダーもしくはその一歩手前のメンバー	取り組む問題に関係のある人たち	問題解決による目標達成とリーダーおよびメンバーの能力向上
QCサークル活動	最小単位の組織のリーダー	最小単位の組織の構成員（全員参加）	一人ひとりの能力向上と明るい職場づくり（風土づくり）

第3章　風土づくり　―一人ひとりの品質意識の向上―

り」そのものなのである。

表3.3に小集団活動とQCサークル活動の比較を示すので、その目的の違いを再確認しておきたい。

■ 3.3.2　トヨタグループにおけるQCサークル活動の意義

1960年代の初めから、トヨタグループの各社では、QCサークル活動を順次導入・展開しており、50年以上にわたりその活動を継続している。2005年に発刊された『QCサークルリーダーのためのレベル把握ガイドブック』(トヨタグループTQM連絡会委員会QCサークル分科会　編、日科技連出版社、2005年)の前書きには、次のように記されている。

「導入当初は職制主体の維持・改善活動の要素が強かったのですが、その後の変遷の中で、第一線の作業者にも品質意識を持ってもらうことができる活動に変化してきました。現在ではQCサークル活動の目的を『一人ひとりの能力向上と明るく働きがいのある職場づくり』と定めて展開しています。QCサークル活動により、一人ひとりの品質意識が高まり、能力が向上することで、会社の体質強化に貢献していると考えています。」

さらにトヨタグループ各社では、この活動目的に対してどこまで実践できているのかを測る指標、すなわちQCサークル活動のレベルを測ることができるグループ共通の指標を定めて展開している。

図3.3に示すように、横軸(X軸)に「QCサークルの平均的な能力」、縦軸(Y軸)に「明るく働きがいのある職場」を設定し、それぞれを5段階で評価している。

X軸の評価項目としては、「問題解決ステップ」「QC手法」「サークルの運営」「多技能」「改善能力」などがある。Y軸は、「チームワーク」「会合状況」「関連部署との連携」「向上意欲」「挨拶・5S・ルール遵守」などから構成されている。

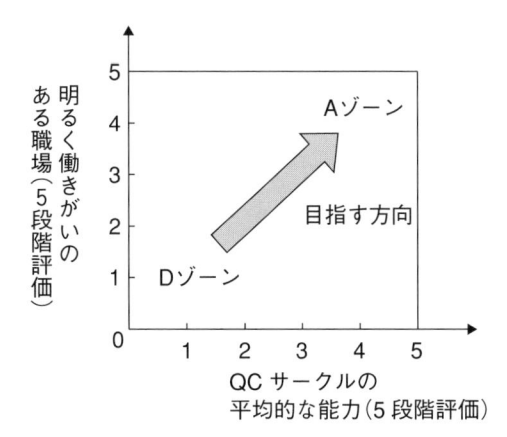

（出典）　トヨタグループ TQM 連絡会委員会 QC サークル分科会　編(2005)：『QC サークルリーダーのためのレベル把握ガイドブック』、日科技連出版社

図 3.3　QC サークル活動のレベル把握（トヨタグループの例）

　また、サークルのレベルとしては、DゾーンからAゾーンまで、4つのゾーンが設定されている。個々のサークルについて横軸、縦軸の評価結果の値をプロットすることで、自分たちがどのゾーンにいるのか、そのレベルを自己診断できるようになっている。これにもとづいて、個々のサークルのレベルを上げていけば、QC サークルの本来の狙いに沿った活動ができることになる。

　トヨタグループ各社では、こうした考え方にもとづいて活動に取り組み、現在では国内だけでなく海外事業体にも展開している。対象は主に製造現場の第一線のメンバーである。この指標（レベル把握表）を活用することで、すべてのサークルがレベルアップをして活性化を図るとともに、グローバルな全員参加を目指している。これにより、一人ひとりの品質意識が高まり、能力も向上するため、QC サークル活動が現場力の源泉としてしっかりと根づき、各社の発展に大きく貢献している。まさに「モノづくりは人づくり」なのである。

■ 3.3.3　QC サークル活動における管理者の役割

　QC サークル活動における管理者の役割を、サークル会合の進捗状況と重ね合わせて整理する。

(1) 「期待」を示す

　最初のテーマ選定(問題の明確化)の段階では、サークルに対して自らの思いを伝えるとともに、サークルに「大きな夢」や「高い目標」を与える。そのうえで、サークルに「やれる自信」をもたせることが重要となる。テーマを決定するのは、あくまでもサークル自身でなくてはならないが、管理者が「期待」を示すことで、前向きな気持ちで取り組めるようになる。こうしたコミュニケーションにより、いわゆる「やらされ感」が生じることも未然に防止できる。

(2) 「関心」を示す

　テーマが選定され、活動がスタートした後は、テーマの「進捗」を気にかけて、サークルからのテーマに関する相談には優先して対応する。管理者は、いつもサークルに「関心」を示していなければならない。サークルの立場からは、管理者がいつも関心をもってくれていることがわかっていれば、大きな励みとなり、「やる気」の醸成にもなる。

(3) 「支援」する

　サークル活動が進むに従って、サークルだけでは判断がつかないことが発生する。そのため、サークルに「考え方・進め方」のアドバイスを行うことも重要である。また、対策の実施に際しては、費用や時間の捻出が必要となる場合が多い。こうしたリソースを必要に応じて提供して、「支援」することも管理者の大切な役割である。

(4) 「感謝」する

　サークル活動で一つのテーマが終了した際には、その結果(目標達成)のいかんにかかわらず、「感謝」の気持ちを言葉で伝えることが、何よりも大切なこととなる。たとえ目標が達成できなかったとしても、QCサークル活動の目的を再認識して、その達成に向けた「がんばり」に対して、まず「感謝」しなけ

ればならない。そのうえで、「欲を言えば」という枕詞をつけて、これからの活動に対しての期待を示すとともに、アドバイスをすることが肝要である。この順番を間違えてはならない。

目標達成や期待以上の成果が出ている場合は、「感謝」とともに「称賛」の言葉を伝える。また、取組みのなかでよかったことに対しては、「褒める」ことを忘れてはならない。

何よりも重要なことは、活動を通じて一人ひとりの能力を向上させ、職場の活力を上げてくれたことへの感謝の気持ちである。

以上、QCサークル活動が主に製造現場の第一線のメンバーを対象としていることを前提に、管理者の役割を整理した。それでは、他の業種やスタッフ職場などで行われている小集団活動ではどうなるだろうか。「期待」「関心」「支援」までは基本的に同じだが、最後の「感謝」は、少し見直しが必要となる。

小集団活動は職場に生じているさまざまな問題に対して、その解決を図るためのチームが編成されるところからスタートする。したがって、活動の目的はあくまでも問題を解決することである。そのため、目標の達成状況に対する「評価」が重要となる。そのうえで取組みへの「感謝」の気持ちを表さなければならない。

「評価」と「感謝」の割合は、取り組む階層によって異なってくる。例えば、少し極端だが、役員がリーダーとなって管理職がメンバーで取り組むチーム活動を考えてみよう。この場合、取り上げるテーマは会社としての重要問題だと想定されるため、その「結果」が問われる。もし結果が出ないまま、失敗に終わったとしたら、社長の第一声はどうなるだろうか。「よく頑張ってくれた。ありがとう」とはならないだろう。やはり結果に対する評価が優先される。そのうえで、取り組んだことには感謝の意を表し、次への期待を述べることになる。当然ながら、次の人事への影響も大きい。

階層が下がり、現場の課長をリーダーに職制を中心とした活動でも、社長からのコメントは「評価」と「感謝」になるが、役員の場合よりは、「感謝」の

Column 2

　自動車部品の中堅システムサプライヤーであるF社では、QCサークル活動の発表会を年2回開催している。毎回、社長、役員が出席し、激励や感謝のメッセージを伝えるとともに、改善点について指導している。また、社長を始め、所属長が直筆で感謝の気持ちを伝えるメッセージカード(図3.4)を作成し、サークルの発表後にそれぞれのサークルへ渡すことによってサークル員が「頑張って良かった」と感じてもらえるような取組みも始めている。F社は、トップを始め管理・監督者が常にQCサークル活動に関心をもち、PDCAサイクルを回しながら活動を活性化させ、一人ひとりの成長とチームワークによって「世界No.1の品質と技術でグローバルに発展し続けるシステムサプライヤー」となることを目指している。

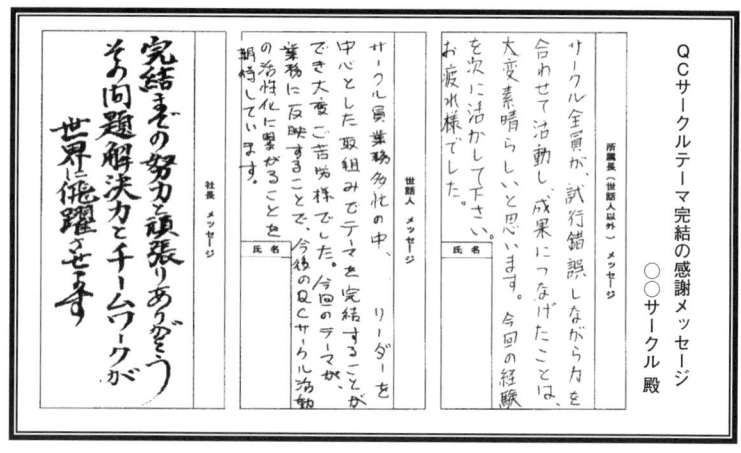

図3.4　QCサークルへのメッセージカード(F社の例)

割合が大きくなってくる。その究極にあるのがQCサークル活動と解釈できる。
　「感謝」される側の立場では、上位者からのコメントは激励となる。まして

目標が達成できていない場合は、「次こそは絶対に達成させるのだ」という強い気持ちになれる。今まで取り組んできたことが知識、経験となり、次の取組みに活かされていく。また、職場のチームワークも一層強固なものとなり、明るく活力ある職場ができてくる。こうして職場の風土が形成されていくのである。

小集団活動は、上位者(社長を含む)の「期待」「関心」「支援」「評価・感謝」という上手なリードがあれば、改善の成果だけでなく、人材育成、風土づくりにつながる重要な活動として位置づけることができるのである。

3.3.4　家電量販店の実践事例　―ケーズデンキ「がんばらない」経営―

家電量販店のケーズデンキは、従業員を大切にする経営を続けている。同社のホームページ[2]には次のように記されている。

　「当社は「がんばらない」経営ということで、無理なことをせず正しいことを確実に行うことで安定した成長を続けてきました。
　…(中略)…お客様のご要望にお応えする、あるいはお悩みを解決する商品を提供し、再度来店いただけるように努め、着実に成長することが大事なのです。」
　「当社は従業員、お取引先、お客様そして株主様という多くの「人」に支えられており、いずれが欠けても会社は成り立ちません。
　当社はこの人の「わ」(和、輪)を大切にし、お互いが幸福を感じられる経営を心掛けています。そして、それが大きな社会貢献へつながっていくものと考えています。」

ケーズデンキでは、社員を「人財」と位置づけ、経歴や年齢にとらわれず、

---

(2)　http://www.ksdenki.com/corp/

意欲的に仕事をし、能力を発揮している「人財」を積極的に登用している。同社のホームページから続ける。

「社員一人ひとりの力があってこそ、お客様の満足を実現することができるのです。社員のもつ力を最大限発揮してもらうために、「働きやすい環境」をつくることです。
　自己申告制度や透明性の高い公正な評価制度により、自分のキャリアプランを自分でつくり上げていくことのできる人事制度で、社員一人ひとりの意欲や能力を伸ばしていきます。『人』を大切にすること。このことが、ケーズデンキの活力を生み出し、安定した成長を支えているのです。」

このようにケーズデンキでは、「出来もしないようなことを目標に掲げ、無駄に力を使うのではなく、基本的なことを確実に実行していくことが、会社を継続して成長させることにつながる」として、従業員を大切にする経営に取り組んできた。その結果、顧客満足度も高まり、家電量販店のアフターサービス満足度ランキングで、2010年から4年連続第1位を獲得している。
　従業員一人ひとりの品質意識を高める風土をつくることは極めて重要である。お客様の満足を獲得し、持続的に成長しているケーズデンキは、風土づくりを大切にした取組みを続けているといえる。

3.4　風土づくりにおける経営者、管理者の役割

■ 3.4.1　クルト・レヴィンの実験

社会心理学者であるクルト・レヴィン(1890～1947年)の研究成果の一つを紹介する。マネジメントの分野では、数式に出会うことはほとんどないが、

$$B = f(P, E)$$

と表記される式が、『社会的葛藤の解決』(創元新社、1954年)という邦訳書に記されている。

BはPとEの関数として表すことができるというだけのもので、至ってシンプルだが、その意味するところは深い。

B (Behavior) は一人ひとりの行動、P (Personality) は個人の資質、E (Environment) は個人の置かれた環境を表す。すなわち、ある環境(E)におけるある人(P)の行動(B)には、関係性(意味)があるということを示している。

レヴィンは、2つの児童のグループに、それぞれ「民主的」「専制的」の異なるタイプの教師(リーダー)をつけるという実験を行った。その結果、リーダーの醸し出す雰囲気とそれにもとづく「思考および生活の様式」が、児童たちの関係(友好的なのか、敵対的なのかなど)を支配するということを実証した。

翻って、QCサークル活動のねらいは、個人の能力向上(P)と明るい職場づくり(E)にある。PとEを追究することにより、一人ひとりの品質意識の高揚と行動の変革(B)へとつながり、企業体質が強化されていく。究極的に人を動かすものは組織の風土・文化であり、それをつくるのは、組織の長(リーダー)である。リーダーの醸し出す雰囲気とそれにもとづく思考および生活の様式が、組織の構成員の行動をも規定してしまうのである。組織の風土はリーダーの言動によって決まる。レヴィンの式は、まさにTQMの本質を表している。

■ 3.4.2 経営者、管理者の役割

一人ひとりの品質意識を高められるかどうかは、組織風土による。その影響は極めて大きい。またレヴィンは組織の風土はそこの組織の長(リーダー)の言動によって決まってしまうことを明らかにした。

専制的ではなく民主的なリーダー(上司)の下で、メンバー(部下)はお互いに友好的な行動がとれる。部下の言い分をよく聞いて現状を把握し、対応策を部下から引き出していく。部下を信じ、部下からの信頼を得る。部下をどれだけ信じられるか、上司の度量が試されるポイントである。人は他の人から信じてもらえるとうれしいものである。信頼されて仕事を与えられれば、その期待に応えようと実力以上の働きをする場合もある。他者を認めるということは相手

のよいところを見て、心に留め置くことである。モチベーションは他者を認めることから生まれてくる。本来、やる気のない人はいない。正確には「今はやる気が低い状態」なのである。やる気の低い人とのコミュニケーションを意識的に増やし、やる気の低い原因を明らかにしていく必要がある。

　そのため、経営者、管理者は部下の声を積極的に聞く必要がある。部下の声を吸い上げ、組織の活性化や社員満足向上につなげるのは、リーダーとしての重要な役割である。例えば、経営者、管理者自らがメンバー全員に自由に発言することの意義を説明し、その実行を促す。具体的には、経営者、管理者にメールを自由に送ることの奨励や直接対話できるミーティングの定期的な開催などである。しかし、組織の一員としては、自由に発言することはなかなか難しい。そのため、経営者、管理者が率先垂範して実行することが望まれる。朝や帰りの挨拶から始まって、身の回りの4S、職場ルール(例えば、会議5分前集合など)の遵守など、自らの日常の行動をもって部下に示すことが、何よりも効果的である。経営者、管理者は、胸襟を開いて謙虚さをもって聞くことのできるリーダーとならなければ、報告・連絡・相談(報連相、ホウレンソウ)が活発に行われることはなく、一人ひとりの品質意識が高まる組織風土も生まれないのである。

第3章のまとめ

- 一人ひとりの品質意識を高めることは重要である。そのために風土づくりの果たす役割は極めて大きい。風土づくりでは、「仕事の意義・目的の共有」と「コミュニケーション」が大切である。
- 「使命」と「目指す姿」の明確化により、お客様に提供する価値が決まる。仕事の原点がここにある。
- コミュニケーションが希薄なところでは、異常が発生しても関係者に伝わらず、大きな問題をしばしば引き起こす。正直にものが言える風土づくりは極めて重要である。
- QCサークル活動は、風土づくりに有効な手法である。経営者、管理者の正しい理解と、「期待」「関心」「支援」「感謝」がなければならない。
- クルト・レヴィンの実験は、組織の風土はリーダーの言動によって決まることを明らかにした。経営者、管理者の役割とその影響は極めて大きいといえる。

第3章の演習問題

　あなたが会社や職場の風土づくりにおいて、日頃から取り組んでいることを挙げてください。また現在、組織風土の問題を抱えていれば概要を記して、その発生原因を考えてみてください。

［風土づくりにおいて取り組んでいること］

［現在抱えている組織風土の問題］

［その発生原因］

第4章 日常管理(SDCA)
―「ばらつき」「変化」への的確な対応(品質保証)―

4.1 「日常業務」と「日常管理」

　まず「日常業務」と「日常管理」について、それぞれの意味を再確認しておく。参考文献として、『品質月間テキスト147　日常管理の徹底』(狩野紀昭 編、品質月間委員会、1983年)がある。日常管理の基本をわかりやすく解説した小冊子で、日常管理の概念を確立したものと位置づけることができる。なかでも、「日常管理とは、…(中略)…分掌業務についてその業務目的を達成するために必要なすべての活動である。」「日常業務についての管理のシステムが必要である。」という指摘は、非常に重要である。

　日常業務とは、「企業・組織の使命を果たすために必要となる業務のすべて」を指し、分掌業務そのものといえる。企業内のすべての職場が日常取り組んでいる仕事そのものが日常業務である。

　営業部門では、朝のミーティング(朝礼)から始まって顧客訪問、見積書作成、商談、納品。開発・設計部門では、構想検討、図面作成、機能評価、市場評価。工事現場では、安全ミーティング、作業分担表作成、重機による掘削。さらに飲食店では、食材の仕入れ、店内清掃、接客、注文取り、配達、など、千差万別である。あらゆる職種のあらゆる職場で日常行われている業務が日常業務である。

　狩野紀昭先生(東京理科大学名誉教授)は、こうした日常業務が日々適切に遂行され、その業務目的を確実に達成することができるための管理のシステムが必要であることを指摘した。そのシステムが日常管理である。日常業務には、

第4章　日常管理(SDCA)─「ばらつき」「変化」への的確な対応(品質保証)─

どのような内容のものであれ、そこには必ず取決めが存在している。業務マニュアル、職場運営の取決め(朝礼、定例ミーティング、決裁基準、伝票処理方法、……)、設計標準書、作業標準書、QC工程表など、多数ある。一般に取決めは書面で表されるが、必ずしもそればかりとは限らない。職場の壁に掲示されていることもあれば、関係者が納得して理解していればそれだけで十分なことも多い。

日々こうした取決めにもとづいて業務が遂行されるが、そこに登場するのが「ばらつき」「変化」である。取決めどおりに業務を遂行することを妨げる事態が生じる。4Mの「要因」またはお客様の「評価尺度(モノサシ)」に生じる「ばらつき」「変化」により、いつもと違う「異常」が発生するのである。

営業部門の場合を考えてみよう。「ベテランの退社で売上が減少した」「競合品の性能が向上して自社製品の売上が減少した」「お客様からの問合せが重なって対応ができずご迷惑をおかけした」など、さまざまある。また、開発・設計部門では、「試作評価が不合格となった」「市場でクレームが発生した」「突発業務が発生した」「社長からの指示で目標性能が急遽変更された」など、日々悪戦苦闘が続いている。工事現場でも、「作業員が急に休み工事が予定どおり進まなかった」「悪天候が続き工期に影響が出た」「近くの住民から騒音・振動の苦情があった」など、さまざまなことが起こっている。さらに飲食店では、「接客態度が悪いとお客様から叱られた」「料理に異物が混入しているとクレームがあった」「混雑時には待ち時間が長くなってしまう」など、異常がつきものといえる。

異常に対しては、早期に発見して素早く処置を施さなければならない。また、異常が発生した真の原因を突き止めて、再発を防止することが必要である。こうしたことを繰り返すことで、日常業務における異常発生が抑制され、業務の質が向上していくのである。

日常管理とは、決め事(標準)からスタートして、異常の発見、適切な処置、決め事(標準)の見直しと、マネジメントのサイクルを回していくことにほかならない。すなわち、あらゆる日常業務の質を維持向上させていくための、マネ

ジメントの方法（手法）といえる。本書では、日常業務に対する管理のシステムである日常管理を「SDCA サイクルを回すこと」とした。

4.2 SDCA サイクル（日常管理）

4.2.1 PDCA と SDCA

「PDCA」は通常よく使われる用語だが、「SDCA」はあまり知られていない。「SDCA」の解説を掲載した書籍に、『カイゼン 復刻改訂版』（今井正明、日本経済新聞出版社、2002 年）がある（初版は 1988 年）。そこには次のように書かれている。

「PDCA サイクルは、カイゼンを達成し、そのカイゼンを持続させるための欠かせない道具である。PDCA サイクルが活用される以前の段階でも、現行の標準が安定していることが肝要である。

そうした安定化のプロセスがしばしば、SDCA（Standardize-Do-Check-Action）サイクルと呼ばれる。SDCA サイクルがきちんと機能している場合にのみ、PDCA サイクルを通じて現行の標準を改善する段階に進むことができる。

企業のトップは、SDCA および PDCA の両サイクルがいつも同時に回転しているようにつとめるべきである。」

両者の関係を表したものを、図 4.1 に示す。

SDCA サイクル（日常管理）において、「異常」と呼ばれる「いつもと違う」ことが必ず発生する。これにいかに早く気づくか。問題の早期発見が日常管理の重要なポイントとなる。ほとんどの場合、その場で処置ができ、いつもの状態に戻すことができるが、しばしば新たな問題が発生し、いつもの状態に戻せないことが生じる。また、再発や慢性的に発生している問題が残存している場合も多くある。こうした問題に対しては、問題解決が必要となり、PDCA サ

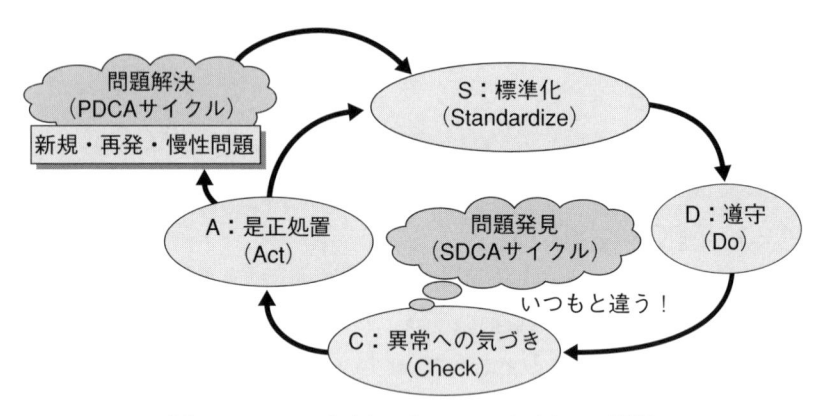

第4章 日常管理(SDCA)─「ばらつき」「変化」への的確な対応(品質保証)─

図 4.1 SDCA サイクルと PDCA サイクルの関係

イクルを回すことになる。PDCA は問題解決のマネジメントサイクルと位置づけられる。これに対して SDCA サイクルは、問題発見のマネジメントサイクルと位置づけることができる。

　SDCA(日常管理)においては、問題の早期発見、すなわち「ばらつき」「変化」にいち早く気づいて、的確な対応をしていくことが求められる。SDCA は問題発見であるとともに、提供している価値・品質を維持し続けること、すなわち品質保証のためのマネジメントサイクルでもある。一方、PDCA(方針管理)では、お客様の要求・期待に応えることができるように問題の確実な解決、すなわち改善が求められる。「新たな方法を適用する」「別の方法に変更する」「システムを変更する」など、そこには新たな価値の創出が必然的に伴ってくる。PDCA は、問題解決であるとともに価値創造のマネジメントサイクルなのである。

　よく「標準なくして改善なし」というが、まさに「SDCA なくして PDCA なし」である。

　『日常管理の基本と実践』(久保田洋志、日本規格協会、2008 年)では、現場力という言葉の意味を「やるべきことをきっちり実施できる能力」と定義している。決められたことをしっかり守って実施できるかどうかが、その組織の力

4.2 SDCAサイクル（日常管理）

である。力の弱いところでは、標準が守られずに不具合が多く発生している。決められたことを決められたとおりに実行することは、一見当たり前のことのように思われるが、非常に難しいことである。本書では、現場力とは「SDCAサイクルをしっかり回すことができる力」と解釈する。

第1章で述べたように、SDCAの目的は維持向上であり、PDCAの目的は改善・革新である。この関係を日本品質管理学会規格「日常管理の指針　JSQC-Std 32-001：2013」の「図1　維持向上、改善及び革新」を参考にして、まとめたものを図4.2に示す。

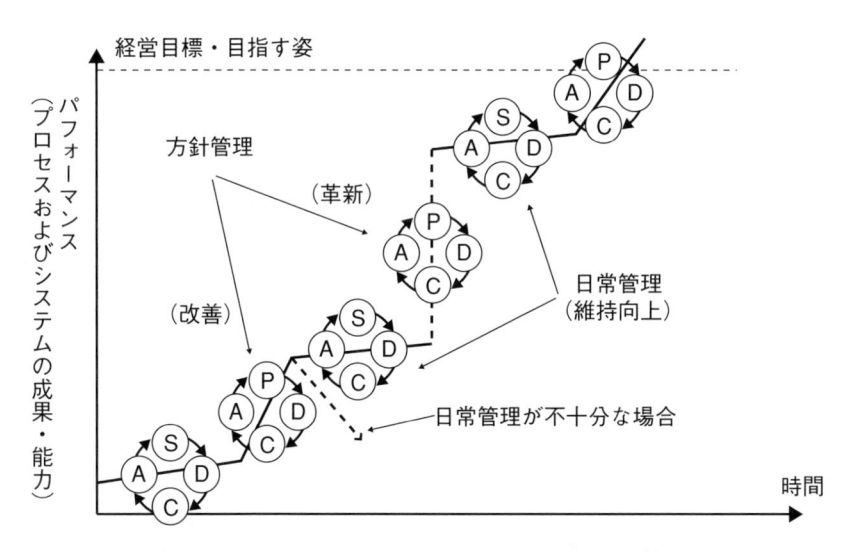

（出典）　JSQC-Std 32-001：2013　「日常管理の指針」、日本品質管理学会、p.6、図1を参考に作成

図4.2　日常管理（維持向上）と方針管理（改善・革新）

横軸に時間、縦軸にパフォーマンス（成果）をとると、PDCAとSDCAによってレベルが確実に高まっていくことがわかる。これを継続することで、経営目標の達成、さらには経営ビジョンの実現が可能となる。

PDCAサイクルを回すことで、現状の問題を解決して、目指す姿（目標）を

第4章 日常管理(SDCA)―「ばらつき」「変化」への的確な対応(品質保証)―

実現(達成)することができる。パフォーマンスのレベルを上げるためには、必ず新しい考え方や方法(やり方)などが伴ってくる。こうした考え方・方法を企業や組織のなかで共有し、定着させなければならない。そうしなければ、当事者だけのことで終わってしまい、人の交代などによって、また元のレベルに逆戻りしてしまう恐れがあるからである。

SDCAサイクルは、新しい考え方・方法を定着させ、逆戻りさせないためのマネジメントサイクルと位置づけることができる。新たな標準の整備、すでにある標準の改訂、マニュアル類の見直し、さらには、それらにもとづいた従業員への教育・訓練など、新たな考え方・方法を定着させるための活動が、S(Standardize)である。

PDCA(方針管理)に重点を置いている企業・組織では、一時的にはパフォーマンスレベルが高まり、企業、組織の内外から注目を浴びることもあるが、その後の日常管理への落とし込みが不十分なため、長続きしないことが多い。大きな問題や不祥事に対して総力を挙げて対策を施して、一見解決されたかのように受け取られることがあるが、しばらくするとまた同じような問題や不祥事が発生してしまう。応急処置のみの対応で終わり、日常管理への落とし込みができなかったからである。

このようにSDCAサイクル(日常管理)は、企業、組織が成長していくために欠くことのできない極めて重要な役割を担っている。したがって、高いパフォーマンスレベルを維持して、パフォーマンスを生み出し続けることの重要性を再認識しておく必要がある。

PDCAとSDCAの関係について、もう一つ重要なポイントがある。図4.2ではPDCAサイクルとSDCAサイクルが別々に描かれている。そのため、PDCAとSDCAはそれぞれが独立して存在しているという錯覚を招きやすい。しかし、実際はどうだろうか。

スタッフ職場での仕事の基本は、PDCAを回すことにあった。新たな価値を創り出すために、さまざまな検討を行う際に参考とするのが、その業務に関する標準や取決め、過去の同様(類似)な業務の結果などである。こうしたもの

4.2 SDCAサイクル（日常管理）

をまったく使用しない仕事もあるかもしれないが、ほとんどの場合、参考となる情報を活用して進めていくことになる。そして、その仕事が終了した時点では、結果をまとめて標準の改訂や報告書として残すことになる。これらをベースにしてまた次の仕事が始まるのである。仕事をするとは、このような手順が繰り返されていくことにほかならない。PDCAサイクルのなかで、SDCAサイクルも同時に回っているのである。

現業系の職場（現場）では、標準にもとづいた仕事が基本となる。現場ではSDCAサイクルが回っていても、いつもと違うこと（異常）が頻繁に発生して、新規、再発、慢性などの問題が常に出てくる。こうした問題に対しては、前述のようにPDCAサイクルを回すことになる。小集団活動などによる改善の実施がそれに該当する。

このように、PDCAとSDCAは、どの職場でも、同時進行で回っているのである。その重み付けは職種や職場ごとに異なるが、SDCAがあらゆる仕事の基本になっていることは明らかである。

現在、お客様が満足している価値は、日常の業務プロセスから生み出される。日常業務こそ価値の源泉であり、事業の継続性を担保する重要な役割を担っている。しかし、組織の内外に潜むさまざまな要因により生じる、「ばらつき」「変化」は、提供する価値に大きな影響を及ぼす。「ばらつき」「変化」にいち早く気づいて、的確に対応（改善）できるかどうか、組織の力が問われるのである。また、日頃からお客様に応対しているメンバーは、お客様の期待や嗜好の変化を敏感に感じ取っている。「いつもと違う」という異常への気づきが、将来のお客様への価値創造にもつながっていく。SDCAは「今」の価値を生み、PDCAは「これから」の価値を生むのである。

このように、SDCAサイクル（日常管理）は極めて重要なのだが、地味で目立たない。わが国のモノづくり力が低下したといわれて久しいが、種々の問題の背景には、SDCAサイクルが回っていなかったことも大きな要因として考えられる。

4.2.2　SDCA サイクルの基本

(1)　標準の遵守

　決められたことを決められたとおりに実行するために、まず必要となるのは決め事の作成、すなわち標準化：S (Standardize) である。

　その内容や範囲はさまざまだが、標準はすべての仕事、業務に存在している。業務体系、業務マニュアル、設計標準、生産技術標準、作業標準、さらには接客マニュアルなど、多数存在する。標準がまったくないということはふつう考えられない。例えば、職人が一人で工芸品を作っていたとしよう。作業の手順や方法はすべて職人の頭の中にあると考えられるが、材料の仕入や金銭の授受、完成品の発送などは、関係者との取決めが必ずある。頭の中にあるものも含めて、これも標準といえる。

　企画の仕事はどうだろうか。確かに「制約を取り払って自由な発想で」といわれている。こうした部門にいる人々は何かに縛られたくないという思いが強いが、実際は、お客様のニーズの把握や、過去の企画の成功・失敗事例の調査など、同じプロセスを踏襲しているところが多くある。こうした企画のプロセスを標準として定め、関係者で共有することは、企画業務の効率を上げるとともに、企画の質の向上にもつながってくる。

　日常の生活のなかにも標準、決め事は根づいている。毎朝の「おはようございます」の挨拶、決まった時間・場所での定例ミーティングなどは、ある意味で決め事なのである。

　標準、決め事は、誰もが守ることができなければ意味がない。そのため、標準の内容を関係する全員に周知徹底しなければならない。方法は、ミーティングの場で伝える、書面にして配布する、教育する、訓練する、守ることができないことがあれば改訂するなど、さまざまである。標準を伝え、一人ひとりがその内容を理解して実施できるようになった後に、実際の仕事、作業がスタートする。これが一人ひとりの毎日の仕事、作業：D (Do) である。

4.2 SDCAサイクル(日常管理)

(2) 標準の遵守を乱す要因

いつもどおりの状態を粛々と維持できれば何も問題は生じずに、お客様の要求・期待に応えることができる価値を生み出し続けることができる。しかし、まさに世の無常である。標準の遵守を阻害する、「ばらつき」「変化」が企業、組織の内外には無数に存在する。

いくつか例を示す。内部の要因は、いわゆる4M(Man、Machine、Method、Material)である。主なものを表4.1に示す。

表4.1　標準の遵守を阻害する要因(4Mの例)

Man[注)] ：人、メンバー	知識、経験、習熟度、体調、やる気、悩み、組織風土、教育訓練の仕組み、……など
Machine ：道具、設備	故障、点検、劣化、変形、摩耗、機種、型式、……など
Method ：方法	手順、伝達、運搬、突発対応、取り巻く環境変化への対応、……など
Material ：材料	原材料、仕入先、ロット、成分、……など

注) Manは男女機会均等となった現在ではふさわしくない。Memberに変更することを提案したい。また、Mにこだわらなければ Person が最もふさわしい。

外部の要因(法改正等の影響、経済的・社会的要因、技術革新、など)には、お客様の要求・期待の変化も大きく関係する。嗜好についてもお客様一人ひとりでばらつきが生じる。日常の仕事、作業において、今までと同じことを実施していたのではお客様の満足は得られなくなるため、これらも標準の遵守を阻害する要因といえる。

(3) 「ばらつき」「変化」への対応

標準の遵守を乱す要因は、内外に多数存在する。そのため、日常的にこれらの影響で「いつもと違うこと」＝「異常」が発生する。しかし、多くの場合、異常に気づくことはなく、そのまま放置されてしまう。この状態が続くと、しだいに影響が大きくなって、気づいたときには大きな問題となってしまうの

である。そのため、異常の発生にいち早く気づかなければならない。これがC(Check)となる。

　異常に気づくための仕組みや道具は数多くあるが、最も代表的なものが、QC七つ道具の一つ「管理図」である。詳細の解説は専門書に委ねるが、管理限界線(規格線と混同しないように注意が必要)の導入により、統計的に管理(安定)状態にあるという概念が確立されている。また、日々測定している値が管理限界線を外れると、異常が発生したと判断できるようになっている。いつもと同じ安定状態にあるのか、異常が発生しているのかを明確に区別することで、異常発生への的確な対応と問題の未然防止が可能となる。シューハートによって考案された管理図は、その後のSQC(Statistic Quality Control)の確立へと発展していく。まさに画期的な発明だったといえる。

　しかし、実際には管理状態にならないケースも多い。こうしたときは、折れ線グラフなどにより、推移を表すグラフを規格線とともに作成すればよい。そのうえで傾向を把握して、ばらつく要因を一つひとつ取り除き、管理状態を目指すことが重要となる。なお、変更管理(または変化点管理)については、あらかじめ変更内容が明確になっており、変更に伴う問題の発生を未然に防止するための、対応、確認方法も定められていることから、本書では標準化に含まれる内容として扱う。

　「異常」発生の有無と「不適合」発生の有無の関係を**図4.3**に示す。この図は日本品質管理学会規格「日常管理の指針　JSQC-Std 32-001：2013」に掲載されている「図6　異常と不適合」に一部加筆したものである。

　異常と不適合の関係では、AからDまでの4つのケースが考えられる。ケースAは不適合(規格外れ)も異常も発生している。そもそも不適合が発生しているため、工程(プロセス)を見直して、不適合が発生しないように改善しなければならない。そのうえで管理状態を目指していくことになる。ケースBも不適合が発生しているため、管理状態にはある(異常の発生はない)が、工程(プロセス)の改善が必要となる。

　ケースCは不適合の発生はないが異常は発生している。異常ではあるが不適

4.2 SDCAサイクル(日常管理)

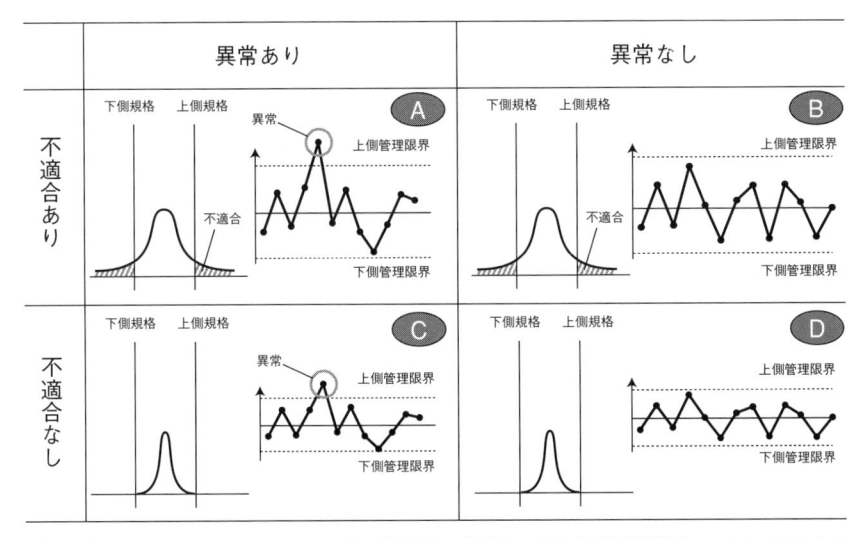

	異常あり	異常なし
不適合あり	A	B
不適合なし	C	D

(出典) JSQC-Std 32-001：2013 「日常管理の指針」、日本品質管理学会、p.11、図6を元に一部加筆

図4.3 「異常」と「不適合」

合ではないことになる。この段階では、異常の発生原因を追究して、再発防止をすることで工程の安定化を図っていく。その結果、ケースDの不適合も異常も発生しない安定した状態に到達することができる。このように「異常」と「不適合」の意味をよく理解しておくことが、統計的品質管理の基本となる。

さらにデータ(測定できるものの値)だけではわからない異常も発生する。「手触りがいつもと違う」「異音がする」「色合いが違う」「においがする」「味が違う」など、五官によるものも多くある。こうしたことに気づくためには、日頃から感性を磨いておかなければならない。また、たとえ気づいたとしても、それを関係者で共有できなければ、必要十分な処置が行えたとはいえず、放置された状態と変わらない。そこには高い品質意識と、コミュニケーションのとれる職場風土が求められるのである。

異常が発見されたら、速やかに適切な処置を施さなければならない。まずは、異常の原因を取り除き、現状を元のいつもの状態に戻すことが急務とな

る。工場であればラインを止めて復帰させる。お客様からの苦情であれば、「その原因を取り除き、お詫びとともにやり直す」「新品に交換する」などの対応が必要となる。

しかし、これらは応急処置であり、異常発生の影響が他に及ぶ場合は、その影響を最小限に止めることがすべてに優先されなければならない。応急処置、流出防止に目処がついた後に、なぜ異常が発生したのか、その真因を追究する。直接的な原因だけを取り除いても異常は再発する。真の原因に対策を施す

Column 3

「異常」の反対は何か。一般的には「正常」となるが、品質管理の世界では一概にそうとはいえない。「異常」とは「常とは異なる、いつもと違う」ことであるので、その反対は「常と同じ、いつもどおり」となる。しかし、「いつもどおり」を正常(正しい状態)とみなすことができるとは限らない。

血圧(収縮期血圧)がいつも110前後の人が、病気になって測ったところ140であったとする。これは異常であるから、療養(対策)しなければならない。一方で、いつも140前後の人にとっては、いつもどおりの状態なのである。しかし、どうあっても140は高血圧の部類に入るので、正常とはいえないのである。いつもどおりが必ずしも正常とはいえない例は身近にもたくさんある。

普段、明るい人がふさぎ込んでいる。何かあったのではと心配になる。その逆に、普段は無愛想な人が急にニコニコしながら接してきたら、「何か魂胆があるのでは」と警戒してしまう。普段、清潔な暮らしをしている人にとっては部屋にゴミが落ちているだけで気がかりだが、普段、掃除もしない人にとっては、ゴミも気にならないのである。

こう考えると、「異常」の反対は「通常」とするのが、ふさわしいのではないだろうか。

4.2 SDCAサイクル（日常管理）

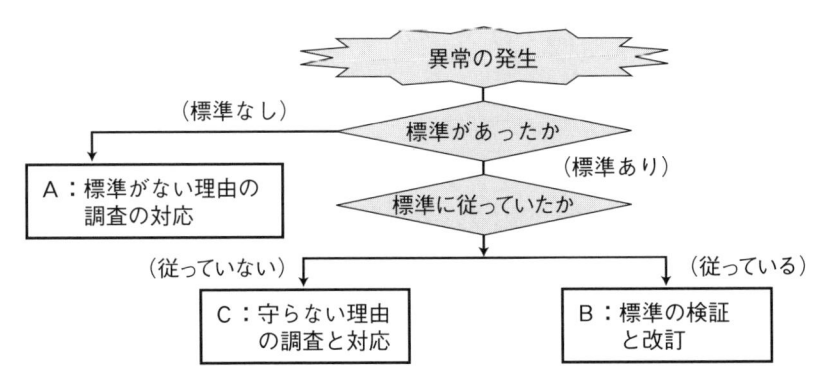

```
                    異常の発生
                        ↓
        (標準なし)  標準があったか
        ←──────────
   ┌──────────────┐    (標準あり)↓
   │A：標準がない理由の│  標準に従っていたか
   │  調査の対応     │
   └──────────────┘
        (従っていない)↓      ↓(従っている)
   ┌──────────────┐   ┌──────────────┐
   │C：守らない理由   │   │B：標準の検証   │
   │  の調査と対応   │   │  と改訂       │
   └──────────────┘   └──────────────┘
```

（出典）　JSQC-Std 32-001：2013　「日常管理の指針」、日本品質管理学会、p.24、図13より作成

図4.4　標準にもとづく原因追究フローチャート

ことが必要となる。

　原因追究のフローチャートを図4.4に示す。まず標準の有無を確認しなければならない。ない場合は「なぜ設定していないのか」を調査する（A）。ある場合は、異常の発生時に、「標準どおり行っていたのか」「標準どおり行わなかったのか」を確認する。標準どおり行っていたにもかかわらず異常が発生した場合は、標準の検証が求められる（B）。この場合、必要に応じて標準を改訂しなければならない。標準どおり行わなかった場合は「なぜ守らなかったのか」を調査する（C）。「標準を知らなかった」「標準どおり行う技能がなかった」「標準の必要性を理解していなかった」「間違えやすい標準だった」など、さまざまなケースが考えられる。それぞれについて原因を追究しなければならないが、いずれも守れる標準をつくりあげることが目指す姿となる。

　こうした原因追究から、標準にフィードバックして再発を防止するまでの一連の処置が、A（Act）となる。この取組み方法については、重要度、優先度などにもとづいて、どのように取り組むべきかを判断することになる。

（4） SDCA サイクルを回すための仕組み・道具

　仕事、作業が行われている職場、現場には、さまざまな仕組み・道具がある。ここで作業が行われている現場を考えてみよう。そこには、作業の手順や道具の使い方を示したマニュアルがある。作業開始時には、全員が集まる朝礼がある。作業の訓練や教育が行われる。問題が生じたときはチームを編成して計画的にその対策に取り組む。こうしたことが日常的に行われる。

　スタッフの仕事でも同様である。各種業務マニュアルや標準が整備されている。朝礼や定例のミーティングがある。小集団活動により改善が行われる。どんなに OA 機器や通信手段が進化しても、こうした取組みはなくならない。

　このように、少し考えれば日常のなかに、たくさんの仕組みや道具が存在していることがわかる。これらを SDCA の視点から整理したものを表 4.2 に示す。

表 4.2　SDCA サイクルを回すための仕組み・道具（例）

	現業部門の職場（現場）	スタッフ職場
S	作業標準、作業訓練・教育、QC 工程表	各種標準・業務マニュアル、知識教育、業務計画表
D	作業点検	業務実績記録表、営業日報
C	朝礼、気づきシート、管理ボード、管理図	定例ミーティング、設計 DR、業務進捗状況報告会
A	応急処置、改善チーム、QC サークル活動	不具合対策会議、対策実施チーム、小集団活動

　これらは、すべてコミュニケーション（意思の疎通）を良くして、日常管理（SDCA）を充実させるための仕組み・道具である。異常の早期発見と共有、速やかな応急処置、改善活動の促進による再発防止などを円滑に行うために整備されている。

　「仕組みはあるが機能していないもの」「安全など他の取組みと重複しているもの」「点検が形式的になっているもの」「そもそも不足しているもの」など、SDCA サイクルを回すことに役立っているかどうかの観点から、身近にある

仕組み・道具を見直し、再整備することが望ましい。これにより、SDCAサイクルをより効果的・効率的に回すことができるようになる。さらにムダの排除も図られ、生産性の向上も可能となるのである。

4.3 製造現場における日常管理の実践事例

日常管理の実践事例として、製造現場の事例を紹介する。ここでは、日本品質管理学会中部支部第90回研究発表会（2009年8月開催）における、トヨタ自動車（以下、トヨタ）の発表報文『製造現場における日常管理（SDCA）の徹底』にもとづいて記述する。なお、本事例はトヨタの本社工場にて、2007～2009年にかけて取り組まれた活動である。

(1)　「守れる標準づくり」の徹底

日々の作業は「作業要領書」「QC工程表」などの標準にもとづいて行われる。標準に関する問題を、実際の製造現場ではどのくらい抱えているのかを調べるために、本社工場の全職場に対してアンケート調査を行った。その結果、予想をはるかに上回る数多くの問題点が指摘された。内訳を見ると「作業要領書」の不備に関するものが全体の約6割を占め、基本が十分できていない実態が明らかになった（図4.5）。

「作業要領書」は現場における最も重要な標準であり「標準なくして改善なし」といわれているようにすべての基本である。にもかかわらず、近年その重要性に対する認識が薄らいできたのではないかと危惧された。この状態を放置しておけば、安全、品質、生産性など、さまざまな面で問題を引き起こす危険性がある。「作業要領書」の目的・重要性を再認識するとともに、「守れる標準づくり」を工場の活動として展開した。

作業標準に関する問題を一つひとつ解決して「作業要領書」の完成度を高めていった。9割程度は現場で解決できたが、残りは「品質基準があいまい」「製造条件に不備がある」など、主に技術的な問題だったので、設計や生産準備部

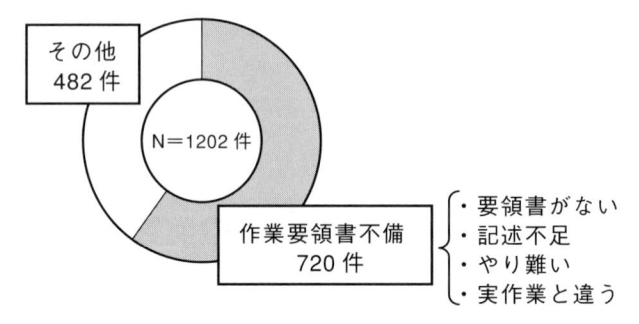

第 4 章　日常管理(SDCA)―「ばらつき」「変化」への的確な対応(品質保証)―

その他
482 件

N＝1202 件

作業要領書不備
720 件
・要領書がない
・記述不足
・やり難い
・実作業と違う

（出典）　古谷健夫、服部泰治(2009)：「製造現場における日常管理(SDCA)の徹底」、『日本品質管理学会中部支部第 90 回研究発表会報文集』、p.25

図 4.5　作業標準に関する問題点(2007 年)

門との連携により、工程の完成度を高めていった。

(2)　コミュニケーションの充実

第一線で働くメンバー(期間従業員も含む)に「職場のチームリーダーと毎日話し合っていますか？」と質問した。その結果、1 割近くの人が毎日話し合っていないことがわかった(図 4.6)。

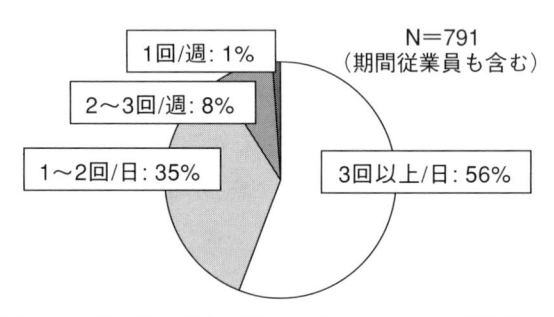

N＝791
（期間従業員も含む）

1回/週：1%
2〜3回/週：8%
1〜2回/日：35%
3回以上/日：56%

（出典）　古谷健夫、服部泰治(2009)：「製造現場における日常管理(SDCA)の徹底」、『日本品質管理学会中部支部第 90 回研究発表会報文集』、p.26

図 4.6　コミュニケーションに関する調査結果(2007 年)

これではたとえ異常に気づいたとしても、確実に職場で共有されるかどうかは不安である。実際に異常が放置されたままとなり、気づいたときには大きな

問題となっているケースが散見された。

そこで、コミュニケーションの活性化を図るために「朝市ボード」の活用を促した。ほとんどのラインではすでに実践できていたが、一部に不十分なところが見られた。「朝市会」を習慣とすることの意義は大きい。運営や「朝市ボード」の内容に関しては画一的にすることはせず、それぞれの特徴を重視した。

各職場では朝礼などのミーティングは毎日行われているが、単なる連絡事項の伝達だけではコミュニケーションとはいえない。前日発生した品質不良などの問題や異常に対して、職制を中心とした関係者が毎日同じ時間に集まり情報の共有と注意事項の徹底を図っていく必要がある。こうした集まりを一般に「朝市会」と呼ぶことが多く、情報共有（C）の場となる。その際、参加者全員が議論に参画できるように問題点や異常を見える化したものを「朝市ボード」と呼ぶことにした。

「朝市ボード」には出来高や不良率・可動率などの推移が毎日書き込まれていく。また問題点の対策状況も刻々記入される。近年パソコンの普及で現場でもデータを入力するだけとなってしまったところも見受けられた。これでは気づきもなく、共有化も困難である。発生した不良の現品は「朝市ボード」近くに置いて現物で確認できるようにする。こうした置き場を「キャベツ畑」と称しているところもある。「朝市ボード」「キャベツ畑」は現場におけるコミュニケーションの道具であり、管理・監督者のマネジメントのツールとしての認識と活用が不可欠であることを徹底していった。

(3) 再発防止

真因追究ならびに再発防止については、データがどのくらい蓄積されているかでその対応が変わってくる。チェックシート、グラフなどが日々適切に作られていれば、工程の変化を比較的つかみやすくなる。新たにデータをとる必要があるときは、層別の考え方をベースに要因の特定が必要となる。今回、「QC七つ道具」の活用がすべての基本と考え、その活用を促した。大きな問題の場合は、小集団活動やQCサークル活動によるテーマ活動（PDCA）として取り組

んだ。

(4) 日常管理アンケートの実施

日常管理(SDCA)のサイクルが確実に回っているかどうかを定量的に把握する方法を検討した。その結果、現場第一線の生の声を吸い上げることができるアンケートが有効と判断して工場内に展開した。

今回作成した設問は「作業標準はありますか？」「標準が守られていますか？」「作業のよしあしの判断がつきますか？」「対策と歯止めはできていますか？」などの簡単なもので5段階評価とした。また自由意見として困り事を記入してもらった。

製造現場にはさまざまな人が在籍しており、複雑な質問を一人ひとり一律に問うことは難しい。また、それぞれの現場の実情を把握するためにも回答者の職場が特定できることが望ましかった。そこで今回、QCサークル単位で回答してもらうようにした。こうすることで、全員の意見を吸い上げることが可能となる。またメンバーの総意となるので、一人では言いにくい意見も仲間の納得があれば記入しやすくなる。そのため、より本音に近づけたと判断した。工場の全職場(サークル)で実施して、評価点の推移を見た。評価点が上がればそれだけ日常管理がよくできているとみなせる。

図4.7にいくつかの製造ラインでの結果を示す。横軸にアンケート評価点、縦軸に工程内不良率をとった。まだ2年分をまとめただけだが、どのラインも評価点の上昇とともに不良も低減されてきたことがわかる。日常管理の実践度がある程度、定量化できたと思われる。

(5) 道具の目的・正しい使い方の再徹底

トヨタは1965年にデミング賞を受賞した。このとき全従業員が日常管理の道具の目的、使い方などを勉強した。それから40数年が経過した現在まで、各職場で日常管理のやり方が受け継がれてきたが、改めてその実態を調べてみると明文化されたものが少なく、必ずしも正確に伝わっていないことがわかっ

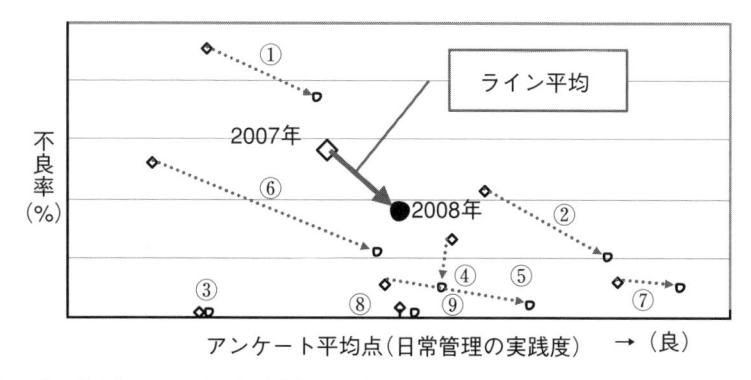

4.3 製造現場における日常管理の実践事例

(注) ①〜⑨は個々のラインを示す数字である。
(出典) 古谷健夫、服部泰治(2009):「製造現場における日常管理(SDCA)の徹底」、『日本品質管理学会中部支部第90回研究発表会報文集』、p.28

図4.7 日常管理実践度の定量評価

た。

基本に立ち返るためにも、今回道具の解説をした小冊子「作業要領書」「朝市ボード」「QC七つ道具」の3冊を作成して、本社工場内の全員を対象に説明会を開催した。道具の目的を再認識するとともに正しく活用することの再徹底を図った。また、階層別研修の内容も品質に関する部分を実態に合わせて見直した。

(6) まとめ

日常管理(SDCA)のサイクルを、効果的・効率的に回すためには、「作業要領書」「QC工程表」「朝市ボード」「QC七つ道具」などの活用が不可欠である。これらを上手に使いこなして、その実践度を上げていくことを今後とも強化・継続していく。

日常業務は企業活動の根幹であるにもかかわらず、地味で目立たない。当たり前のことを当たり前に行うことの難しさや、できていないことが多くあることを、今回の活動をとおして改めて痛感した。

現場の管理・監督者は日常業務に常に関心を示し、日常管理(SDCA)のサイ

クルを回すことに真剣に取り組まなければならない。製造現場の現場力向上への取組みに終わりはない。

4.4　スタッフ職場における日常管理

　企画・開発部門、設計部門、営業部門などのスタッフ職場でも、日常管理は重要である。しかし、これらの部門では、必ずしも日々定常化された仕事だけが行われているわけではない。伝票処理などの日常的に発生するものについては、仕事の手順や判断のガイドラインがあらかじめ整備されていることが多いが、日常的でない仕事については、必ずしも十分な標準が整備されているとはいえないのである。

　例えば、講演会や大会、販促のためのイベントなど、各種イベントの開催がある。さまざまではあるが、これらの企画から開催に至るまでの業務について考えてみる。年1回定期的に開催しているものは、関係者間でやるべきことが比較的明確になっている。そのため、改めて文書で標準書を作成しなくても、大きな問題が発生することもなく毎年繰り返されていく。

　一方で、不定期開催や突発的に開催が決まるものもある。多くの場合、そこには担当者が走り回って何とかまとめていく姿がある。とても効率的な仕事とはいえない。仕事の基本である手順と要件が整理されていないことが原因である。イベント開催に関する手順やノウハウがあれば、担当者の苦労は大幅に軽減されるはずである。

　さらに、イベントがいくつかある場合、それぞれのイベントごとに担当者が存在するケースもある。担当者間でコミュニケーションがうまく図れていないとお互いのノウハウが共有されず、同じような問題が何度も生じることが多い。このような状態では、会社としてのロスも大きくなる。

　したがって、スタッフ職場においても業務の標準化は重要である。標準の有無によって業務の効率は大きく左右される。一般的にスタッフ職場の場合、次のようにして業務が明確化される。

4.4　スタッフ職場における日常管理

　① 仕事の目的・目標を明確にする。
　② 仕事のプロセス(工程)を描く。
　③ 意思決定に必要となる要件を明確にする。

　①では「どのようなお客様にどのような価値を提供するのか(目的)」「いつまでにどのレベルの価値を目指すのか(目標)」を明確にする。これらが、自職場が提供するアウトプットとなる。自らお客様の声を聞いて、まずはアウトプットを決めなければならない。

　②では、①で定めたアウトプットを生み出すことができるプロセス(工程)を整備する。スタッフ職場の場合、自職場だけでアウトプットを生み出すことはほとんどできないため、関係する他の職場(会社、組織、部署など)も含めて、どのようなプロセスでアウトプットを作り込んでいけばよいのかを明確にする必要がある。

　③では、仕事のプロセスのなかでいくつかの意思決定が行われるが、これは、お客様に①で定めた価値を提供するための意思決定でなければならない。誤った判断を回避するためにも、プロセスの節目ごとに次のステップに移行する際の判断基準を明確にしておくことが肝要である。

　このように次のプロセス(工程)にアウトプットの品質を保証して送ることを、「プロセス保証」または「品質は工程で造りこむ＝自工程完結」という。仕事の基本であるが、始めからすべてがこの状態にはならない。あくまでも目指す姿であり、ここに到達するためにSDCAサイクルを回すことが必要となるのである。

　業務に着手する際には、事前に計画書としてスケジュールも含めてまとめておくことが望ましい。また、スケジュール欄には後から実績も記入できるようにしておく。こうすることで、計画と実績の差異が明らかとなり、その原因を追究することが容易となる。ここで初めてPDCAサイクルを回すことができる。これにより業務のレベルアップが図られ、お客様の期待を超えた価値の創造が可能となるのである。

　図4.8に業務計画書の例を示す。年1回開催しているイベントに関する内容

第4章 日常管理（SDCA）―「ばらつき」「変化」への的確な対応（品質保証）―

○○イベント開催　業務計画書　　○年○月○日 創造太郎

目的：自社の商品を多くの顧客に直接触れてもらうことで販売増につなげる
目標：入場者数○○人以上（前年比10%増）、満足度○点以上（アンケートによる）

実施事項	担当	年	N－1年								N年	
		月	5月	6	7	8	9	10	11	12	1月	2
		全体日程			■企画完		■パンフレット完		■参加者募集開始			☆開催
イベント企画立案	A男	計画	←――――→									
		実績										
パンフレット等作成広報宣伝活動	A男 B子	計画				パンフレット作成		広報・宣伝活動				
		実績										
参加者募集当日の段取り検討	B子	計画							←――――→			
		実績										
⋮	⋮	計画										
		実績										

図4.8　業務計画書（大日程表）の例

を織り込んである。

　この例は、企画の開始からイベントの開催までを1枚に収めている。大日程表と呼ばれることもあり、業務の目的・目標および全体の流れがわかるようになっている。実施事項は上から順番に並べられているが、これが業務のプロセスを大まかに示すことになる。また、表中の上向き点線の矢印に注目したい。このタイミングで、次のプロセスに移行できるかどうかの意思決定が行われる。そのため、適切に行われるための判断基準が整備されていることが望まれる。

　このように、業務計画書（大日程表）には業務の明確化に必要な①～③の要件がすべて織り込まれなければならない。イベント開催という比較的わかりやすい業務を取り上げて解説したが、スタッフ職場で行われているほとんどの業務について、業務計画書（大日程表）を作成することができる。

　企画開発では新たな商品やサービスの企画、営業では受注獲得のための活

4.4 スタッフ職場における日常管理

動、設計では新たな部品の設計、ビルやダムの建設計画業務など、さまざまではあるが、どれもスタッフの日常業務である。

業務計画書(大日程表)作成の効果は大きい。主なものを次に示す。

- 業務の目的・目標および業務プロセス(手順)が明確となり共有できるため、関係者に協力体制が生まれ、チームワークが醸成される。
- 定期的に実績を記入することで業務の遅れ、進みが明確となり、経営者や管理者も異常の発生に早く気づくことができる。
- 意思決定のタイミングが明確となるため、会議などの設定に活用できる。また、Excelシートで作成すれば、意思決定に必要となる要件を貼り付けることもできる。
- 繰返しがある業務の場合、出来事と対処方法などをその都度記録として残していけば、業務ノウハウが蓄積でき、担当が代わっても抜け漏れなく業務の引継ぎができる。
- 大きな会社や組織の場合、業務の進捗に関してしばしば報告が求められることがある。そのための資料づくりに多大な時間を要していることもあるが、大日程表があれば、そのための新たな資料を作る必要がなくなる。

業務計画書(大日程表)は、組織としてまったく経験のない業務を行う場合を除けば、SDCAサイクルのSに相当するもので極めて重要な役割を担っているのである。パソコンやワープロのない時代は手書きだったため、実績の記入も手書きでその都度行っていた。最初に作成したシートが、その業務が完了するまで使用されるため、業務が完了した後に、この1枚のシートで最初から最後までを振り返ることができた。

現在、書類はすべて電子化されている。1枚のシートのみで完結するケースはほとんど皆無であり、実績を記入するたびに上書きしたものを作成して紙で出力している。しかも多くの場合、その都度記入したところのみが強調され、それまでの経緯は以前のシートに記入されたままで、格納されるファイルも別物となってしまう。これでは、後で振り返ることはほとんど不可能である。当

事者は何とか前回の記録にたどりつけても、関係組織での共有はできない。したがって、ノウハウの蓄積も進まず、結果として、作成の労力と紙の枚数だけが手書き時代に比べて大幅に増えているのである。

　問われるべきものは業務計画書(大日程表)の中身であり、いかに完成度の高いものを最初に作り上げるのかが重要である。手書きでもまったく問題はない。実績フォローの際に、見栄えばかりを重視することは避けねばならない。また、実行ベースではより詳細な計画書が必要となることも多い。一つのプロセスをいくつかの要素に分けて、それらを1枚のシートにまとめる。期間は1〜3カ月程度で、週単位または日単位で記入される。これらを小日程表と呼ぶこともある。業務の規模や重要性に応じて、これらの帳票を併用するなど、使い分けることが肝要である。

　業務計画表(大日程表)の活用によりスタッフの日常管理、すなわちSDCAサイクルが回るようになり、「プロセス保証」「品質は工程で造りこむ(自工程完結)」に近づくことができるのである。

4.5　日常業務のムダ取り

　企業・組織の使命を果たすために必要となる業務のすべてが日常業務であり、あらゆる職場でSDCAサイクルが回っている。これだけであれば、日常業務を遂行するために必要となる要員は不変であり、ほぼ一定で推移することになる。ところが、前述したように、実際の職場ではPDCAサイクルとSDCAサイクルが同時進行で絶えず回っている。このため、SDCAサイクルに加えて、PDCAサイクルを回すための要員の確保が、どうしても必要となってくる。

　しかし、改善をする際に、そのためだけに要員を増やすことは普通では考えられない。革新の場合は、プロジェクトチームを編成するなど、一時的に要員を投入することもあるが、こうしたケースは稀である。

　そこで、日頃から現在行っている日常業務のムダ取りに取り組んでおかなけ

ればならない。お客様の期待に応える価値を生み出していくためにも重要である。

トヨタ自動車の張富士夫名誉会長は、「職場には『仕事』と『ムダ』しかない、『ムダな仕事』はない」といっている。ここで「仕事」とは付加価値を生むもので、「ムダ」は何の価値も生まないものとされている。したがって「価値を生まない仕事はあってはならない」ということなのである。

「ムダ」を排除して「仕事」の割合を増やしていく、これこそが日常業務のムダ取りの目的である。以下に取組み事例を示す。

- お客様(後工程)の要求が変更されたため、現在のアウトプットは不要となった。そのための仕事を廃止し、お客様の期待に応える新たな価値を生み出すことに取り組んだ。
- 他部署のアウトプットと自部署のものに重複が見られた。他部署と協議して重複部分をなくした。これにより自部署の負荷が軽減できた。
- 仕事のやり直しが多く、アウトプットを出すまでの時間が予定をオーバーした。職場でチーム活動に取り組み、プロセスを改善したことで、やり直しを撲滅することができた。

このように、日常業務のムダ取りのネタは身近にたくさんある。早く気づいて対策を講じなければならない。この際に重要なことは、ムダ取りをするかしないかの判断は、経営者、管理者にしかできないということである。日々仕事に取り組んでいるメンバーは、ムダに気づいて改善の提案まではできる。ところが、いざ実行となるとその影響は自職場だけではなく、お客様もしくは他の組織に及ぶ場合がほとんどである。このため全体最適の視点が求められる。自部署では改善が進んでもそのしわ寄せが他に及び、全体としては改善にならない場合もありえるのである。経営者、管理者が判断しなければならないゆえんである。また、経営者、管理者は日頃から、日常業務に関心を示して、現場、職場の声をよく聞く努力をしなければならないのである。

4.6 品質(QC)教育の意義と重要性

　石川馨先生は「QC は教育に始まって教育に終わる」という言葉を残している。品質教育の重要性が端的かつ的確に表されている。けだし名言である。この言葉に、いくつかの解釈を加えてみたい。

　まずは、品質管理のすべての基本が問題解決に起因していることが挙げられる。現状の姿とあるべき姿を描いて、そのギャップを明確にしなければならない。一見、当たり前で簡単にできることのように思われがちだが、これが意外と難しい。そこで、QC 七つ道具のような手法を上手に活用することが求められる。技術的な問題はもちろんのこと、お客様の変化に起因する問題、経営の問題など、あらゆる問題に対して有効な QC 手法が存在するので、QC 手法の勉強は必須である。QC 手法を活用せずに問題を解決できるケースもあるが、多くの場合、対策の効果は上がらず、やり直しが発生する。そのため、効率も悪くなり、解決までに要する労力や時間が見込みを大幅にオーバーしてしまう。問題をより効果的・効率的に解決するために QC 手法がある。したがって、QC 手法の教育は、必要性に応じて繰り返し行われなければならないのである。

　次に、意識の問題が挙げられる。業務に取り組む際、あらゆる組織、職場において、まず品質の重要性を理解することから始まる。品質の定義および解釈については第 1 章で述べたとおりだが、お客様の期待に応える価値を生み出し、その価値を保証し続けるためには、メンバー全員がそれぞれの立場で、品質の重要性を認識しなければならない。

　新入社員や新たに加わったメンバーに対して品質の重要性を教育している会社、組織は多い。しかし、数年を経て毎日の業務に追われるようになると、品質に対する意識が低下しがちになる。その結果、お客様のことよりも自分たちの内部の論理が優先されてしまうこともある。こうした意識の低下を防止するためにも、新人から経営層に至るまで、品質の重要性を繰り返し訴え続けられなければならない。ここに、品質教育が継続される大きな理由がある。

4.6 品質(QC)教育の意義と重要性

　最後に、品質管理とはマネジメントそのものであることが挙げられる。職場では、常にSDCA・PDCAサイクルが回っている。これを回すための仕組みやツールは数多く存在しているが、年月が経って人が入れ替わると、その目的が曖昧となり、次第に形骸化してしまう。これはある意味、宿命ともいえる。そもそも何のための仕組み・ツールなのかが忘れ去られて、そのことを実施することが目的となってしまうからである。

　例えばISO 9001がある。日本工業標準調査会(Japanese Industrial Standards Committee、JISC)のホームページから、その定義と制定の経緯を引用する。

　定義には、「ISO 9001とは、組織が品質マネジメントシステム(QMS：Quality Management System)を確立し、文書化し、実施し、かつ、維持すること。また、その品質マネジメントシステムの有効性を継続的に改善するために要求される規格です。」[1]とある。また、制定の経緯には、「1970年代、英、仏、独、加、米といった先進諸国でほぼ同時に品質保証に関する規格が制定されました。これは、日本の工業製品が高品質・低価格を武器に国際競争力を獲得し、目覚ましい経済発展を遂げているのに対し、これら先進国が、停滞気味の経済状況を「品質」の観点から見直すことになったことが一因といわれています。」[2]と記されており、1987年にISO 9000シリーズとして制定されたとある。

　ISO 9001は、日本の高度経済成長期に、欧米諸国が日本ではどのようなことが行われているのかを調査した結果にもとづいて制定されたものといえる。当時、多くの製造業で行われていた取組みが、デミング賞を頂点としたTQC(Total Quality Control)であり、今日のTQM(Total Quality Management)である。

　したがって、ISO 9001が日本に導入された当初は、企業サイドから「この内容は今まで(自分たちが)取り組んできたことを整理したものだ」という声が出ていた。しかし、その後の急激な国際化、グローバル化の流れのなかで、中

---

(1)　http://www.jisc.go.jp/mss/gms-9000.html
(2)　http://www.jisc.go.jp/mss/gms-cir.html

小の製造業を中心に海外メーカーとの取引を行うためにISO 9001の取得が不可欠となり、急速に普及したのである。

 しかし、製品品質を良くするため、あるいは持続的な成長を図るための経営ツールとして、ISO 9001を十分活用できていない企業・組織が散見されるようになった。ある中小建材メーカーＡ社の例を以下に示す。

 親会社から新たにＡ社に派遣された社長は、それまで所属していた会社がISO 9001を取得し、その効果を実感していたので、Ａ社にもISO 9001の取得を通じて会社の仕組みを作り上げようと、コンサルタント会社に依頼して１年かけて認証を取得した。担当課長は、コンサルタントの行う研修会に参加し、品質管理は計測器の管理から始まることを理解し、測定器のチェックシートを作成するなど、ISO 9001のマニュアル化、文書化に取り組んだ。課員には、マニュアル化、文書化の説明を行い、仕組みをスタートさせた。しかし、３年が経ち、更新審査にあたって品質管理記録をチェックしてみると、ここ半年、測定器のチェックが行われていないことが判明した。担当者に確認すると、「忙しかったのでチェックしていない。今まで寸法違いでのクレームは起きていない」という回答であった。担当課長は、決まりだから今後は必ず記録するように指示し、チェックシートには後から記録を追加し、更新審査を乗り切った。こうして、毎年の審査は、チェックシートの審査前チェックで乗り切ることになっていったのである。

 この会社のように、審査の対応に追われ、認証を継続することだけが目的となってしまった組織が見られる。特に標準類については、本来、現場で活用できるものでなくてはならないが、整備すること自体が目的となり、そのため見栄えが重視され、置き場所も現場から離れた所になってしまっているケースもある。元々、標準類を整備して、SDCA・PDCAサイクルを回すことで高品質な製品を作ることが目的であったのに、これではサイクルは回らない。

 こうした形骸化、風化をどうしたら防ぐことができるのだろうか。そのためには、絶えず標準類の重要性を訴え続けるしかない。何のために標準があるのか、標準に必要となる要件、標準の制定・改訂の方法などについて、階層別教

4.6 品質(QC)教育の意義と重要性

育や専門教育のなかで、繰り返し教えていくことが必要となるのである。

品質教育に終わりはない。ここで手を抜くと、そのツケは大きく、取り戻す

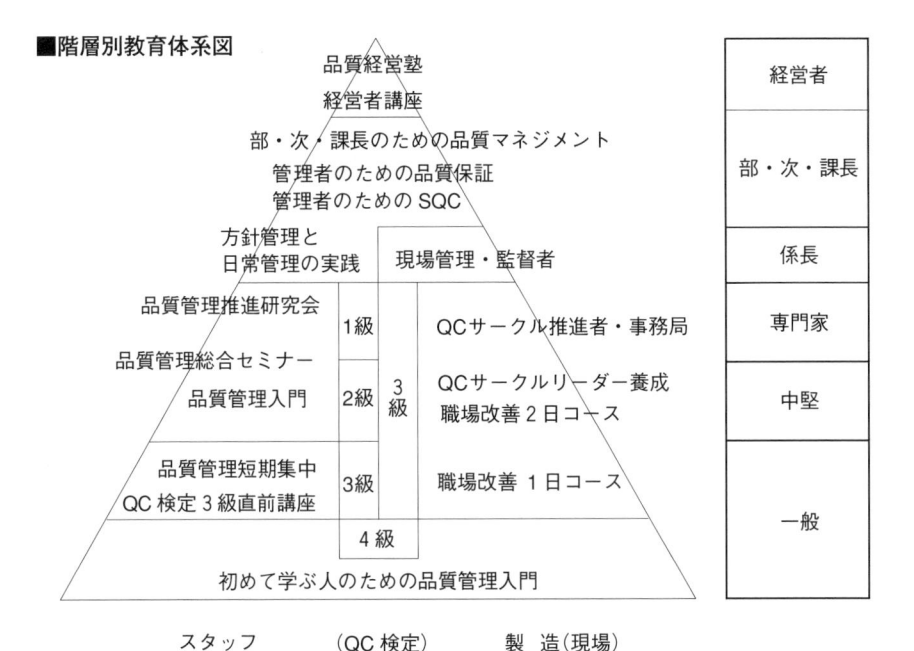

■階層別教育体系図

階層	対象
品質経営塾 / 経営者講座	経営者
部・次・課長のための品質マネジメント / 管理者のための品質保証 / 管理者のためのSQC	部・次・課長
方針管理と日常管理の実践 / 現場管理・監督者	係長
品質管理推進研究会（1級）/ QCサークル推進者・事務局	専門家
品質管理総合セミナー / 品質管理入門（2級）/ QCサークルリーダー養成 / 職場改善2日コース（3級）	中堅
品質管理短期集中 / QC検定3級直前講座（3級）/ 職場改善1日コース（4級）/ 初めて学ぶ人のための品質管理入門	一般

スタッフ　　（QC検定）　　製造(現場)

■手法別教育体系

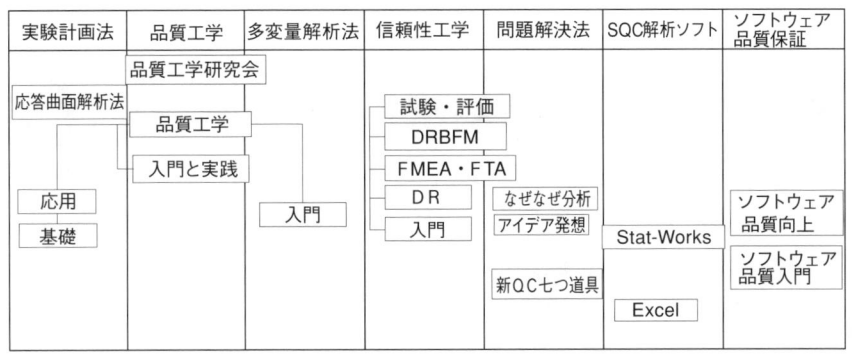

実験計画法	品質工学	多変量解析法	信頼性工学	問題解決法	SQC解析ソフト	ソフトウェア品質保証
応答曲面解析法 / 応用 / 基礎	品質工学研究会 / 品質工学 / 入門と実践	入門	試験・評価 / DRBFM / FMEA・FTA / DR / 入門	なぜなぜ分析 / アイデア発想 / 新QC七つ道具	Stat-Works / Excel	ソフトウェア品質向上 / ソフトウェア品質入門

図4.9　中部品質管理協会の教育体系図(2013年度)

ことは容易でない。まさに、継続は力なりである。

図4.9に、中部品質管理協会が開催している各種セミナーの体系を示す。これは、品質教育の全体像を示す一つの例として捉えることができる。

階層別教育では、一般社員から経営者まで、全階層を対象にカリキュラムが用意されている。スタッフに対しては、QC検定の合格レベルと関連させた内容が多い。製造関係では、QCサークル活動と関連させた内容が多い。現場改善やQCサークルの運営に関するものなどである。経営者、管理者に対しては、マネジメントである。TQMの意義と重要性を再認識できる内容となっている。いずれの階層に対しても品質の重要性と問題解決の基本的な考え方・手法が、階層に応じた内容で構成されている。

手法別教育では、スタッフが主な対象となる。さまざまな問題に対して、効果的・効率的に問題を解決するための手法が並んでいる。特に問題解決法として、「なぜなぜ分析」「アイデア発想」「新QC七つ道具」の3つがある。これらは、あらゆる職種の、あらゆる場面で活用できるものである。

中部品質管理協会では、主に中部地区の会員会社に、図4.9に示すカリキュラムを提供している。各社は、自社の教育で不足しているところについて、受講生を中部品質管理協会のセミナーに派遣するなど、社内教育体系の一部として活用しているところが多い。また、必要に応じて自社のニーズに合ったものを取捨選択できるようになっている。

4.7　日常管理の実践度の把握

SDCAサイクルがそれぞれの職場、現場でしっかり回っているかどうか、経営者、管理者は常に把握しておく必要がある。現地、現場に足を運び、自らの目で確認することが望ましい。

一方、それぞれの職場、現場では、自分たちがどのレベルにあるのかを把握して、過不足があればそれらを是正しなければならない。そして、常にSDCAサイクルが効果的・効率的に回っている状態を保っておかなければならない。

Column 4

　TQM・品質管理の成果は人による影響が大きい。そのため、「自分で考え、自分で行動する」という自律型人材を育成することが望まれる。このような人材を育成することが、SDCA・PDCAサイクルを回す習慣につながる。

　特に、管理・監督者は、その役割を理解したうえで、職場で起きている問題に気づいて原因を調査し、改善(対策)する能力と実践力が求められる。製造現場の作業者、管理・監督者の思考・行動特性には4つのレベルがあるといわれている。

- レベル1：問題を見ても気がつかない。気づいても原因や対策を考えない。
- レベル2：原因や対策を考えるが、上司から指示されなければ実行しない。
- レベル3：率先して、原因や対策を考えて実行する。
- レベル4：水平展開して、他の作業の問題までも解決策を考えて実行する。

ある統計では、作業者の大半はレベル1、管理者の大半はレベル2で、レベル3、4はわずかであった。読者の職場では、どうだろうか。

　どうすれば思考・行動特性のレベルを上げることができるか。以下にその手順例を示す。

① 管理・監督者としての期待する役割を明確にする(目標の明確化)。
② 期待する役割の発揮に必要な能力を明確にする(必要な知識と経験の明確化)。
③ 必要な能力の習得プログラムを構築し実施する(研修・職場訓練(OJT)など)。
④ 職場実践を通じたレベルアップ対策を実施する(評価基準に照らした評価)。
⑤ 評価基準に達した人材を管理・監督者に任命する。

　これはあるべき姿、目指す姿である。現状の姿とのギャップを考えて、できていないところを充実させていかなければならない。何もしなければ、人は育たないのである。

第4章 日常管理(SDCA) ―「ばらつき」「変化」への的確な対応(品質保証)―

　日常管理の自己診断の進め方については、『実践現場の管理と改善講座 05 日常管理［第2版］』（名古屋 QS 研究会 編、日本規格協会、2012 年）に、製造部門のチェックリストが掲載されている。併せて、一般従業員と管理・監督者それぞれの自己チェックリストも掲載されている。

　また、日本品質管理学会規格「日常管理の指針　JSQC-Std 32-001：2013」では、「日常管理のレベル評価」という項目がある。そこには、評価項目として SDCA の流れに沿って 21 項目が設定されている。それぞれの項目ごとにレベル 1 からレベル 5 まで、5 段階の評価基準が詳細に設定されている。

　これらを活用して日常管理、SDCA サイクルがどのレベルにあるのか、課題は何かなどを明確にすることは、極めて重要である。

　さらに、**4.3 節**で解説したトヨタ本社工場の事例にもあるように、現場で働いている人に直接アンケートを行って生の声を聞くことも有効である。その際、一人ひとりの品質に対する意識も聞くようにするとよい。こうすることで、職場風土の状態と日常管理の実践度を併せて把握することができる。現場の管理項目との相関分析などにより、有効な対策に結び付けることが可能となるのである。

　中部品質管理協会主催の中部品質管理推進研究会における WG 活動（現場の品質意識把握・向上 WG）により、新たに製造現場を対象とした品質意識把握ツールが作成された。その内容は、2013 年 8 月に開催された日本品質管理学会第 102 回（中部支部第 31 回）研究発表会において発表されている。その発表要旨には、「本 WG では、製造現場の品質意識把握ツールの作成と活用を目標として、トヨタ自動車本社工場をベンチマーキング、それに基づきアンケート用紙作成。メンバー各社（海外工場を含む）で実施し、品質意識把握（強み・弱み）ツールとして活用できることを検証。更に多くの企業での活用を可能とするよう多変量解析法を使わない解析方法の標準化を実施」と記されている。

　作成されたアンケート項目を**表 4.3** に示す。表題は品質意識の把握となっているが、日常管理の実践度も併せて尋ねていることがわかる。回答は 5 段階で、結果は因子分析により集約されて、レーダーチャートなどで示される。

4.7　日常管理の実践度の把握

表 4.3　製造現場の品質意識把握アンケート項目

1	自分の担当工程の作業が作業標準に落とし込まれていますか。
2	書類による教育に満足していますか。
3	書類による教育を受けた量は十分ですか。
4	実技教育に満足していますか。
5	実技による教育を受けた量は十分ですか。
6	作業標準どおりに作業できていますか。
7	作業標準は、守れる内容ですか。
8	直近1年の自分の担当工程の作業に対して、品質改善の頻度はどの程度ですか。
9	自分が造っている製品がお客様にどのように使われているか、関心がありますか。
10	自分の担当工程の4Sは実施していますか。
11	会社の品質目標を理解していますか。
12	仕事に対してやりがいは感じていますか。
13	小集団活動は、行われていますか。
14	小集団活動を自主的に取り組んでいますか。
15	小集団活動は、進んで発言できる雰囲気ですか。
16	自分の担当工程における作業について、自信をもっていますか。
17	前工程においていつもと違うと感じたときに、上司やリーダー等に報告していますか。
18	自分の担当工程の品質に対する目標値を達成したとき、達成感はありますか。
19	仕事に対する質問・アドバイス等を上司と話し合いますか。
20	仕事に対する質問・アドバイス等を同僚と話し合いますか。
21	仕事に対する質問・アドバイス等を他部署と話し合いますか。
22	自分の担当工程において、いつもと違うと感じたときに、上司やリーダー等に報告していますか。

（出典）　葛谷雄太ほか(2013)：「中部品質管理推進研究会活動報告～製造現場の品質意識把握ツールの作成と活用～」、『日本品質管理学会中部支部第102回研究発表会報文集』、pp.13-14

製造現場では、こうしたアンケート結果にもとづいて、日常管理の実践度および品質意識を向上させるための取組みを展開・強化していかなければならない。

第4章のまとめ

- 「日常管理」とは「日常業務」に対する管理のシステムであり、「SDCAサイクルを回すこと」である。
- どのような仕事にも決め事(標準)は必ずある。したがって、SDCAサイクルはあらゆる仕事のベースとなる。「標準なくして改善なし」というが、まさに「SDCAなくしてPDCAなし」なのである。
- 改善に取り組む際、多くの場合、業務計画表を作成する。アイデア出しから対策の展開・評価までの実行計画である。これが取決めとなり、SDCAサイクルが回っていく。PDCAとSDCAは個別に存在するものではなく、同時に回っているのである。
- 日常管理では異常の発生に早く気づくことがポイントとなる。職場には、このための仕組みや道具が整備されている。これらを有効に活用して、効果的・効率的にSDCAサイクルを回していかなければならない。
- 品質(QC)教育は繰り返し行うことが望ましい。「QCは教育に始まって教育に終わる」のである。

第4章の演習問題

　身近にあるSDCAサイクルを回すための仕組み・道具について、どのようなものがあるか、具体的に書き出してください。また、それらの効果と問題点をどのように認識されていますか。

[SDCAの仕組み・道具]

[効果・問題点]

第5章 方針管理(PDCA)
― お客様の期待に応える新たな価値の創造(価値創造)―

5.1 方針と方針管理

　始めに、本章で述べる方針、方針管理に関する用語の定義は、日本品質管理学会規格「品質管理用語　JSQC-Std 00-001：2011」に従うことを断っておく。

　方針は「トップマネジメントによって正式に表明された、組織の使命、理念及びビジョン、又は中長期経営計画の達成に関する、組織の全体的な意図及び方向付け。(JIS Q 9023：2003と同じ)」とある。さらに注記1として、「方針には、一般的に、次の3つの要素が含まれる。…(中略)…　a)重点課題　b)目標　c)方策」と記されている。

　この定義を第2章で考察した問題解決の視点から捉えてみると、経営トップが示した会社として目指す姿を実現するために、各組織が取り組むべきことを示したものとなる。すなわち、現状の姿と目指す姿のギャップが問題であるから、会社としての問題解決を図るための手段が「方針」となる。

　会社の目指す姿は、ほとんどの場合、1年で実現することは困難である。そのため、中長期方針(3～5年)を策定する場合が多く、これにもとづいて年度方針が毎年策定される。

　方針には、重点問題(課題)に対する目標と方策が示されなければならない。問題解決のステップに当てはめると、①テーマ選定、②現状把握、③目標設定、④要因解析、⑤対策立案までが含まれることになる。すなわち、PDCAのPの部分に相当する。そのため、方針の策定に際しては、十分な現状把握、要因解析を実施することが求められる。現地現物による事実・データにもとづ

いた現状把握、真因にたどり着くまで徹底して行われる要因解析など、QC手法を駆使した取組みが欠かせない。

また同規格で方針管理は、「方針を、全部門・全階層の参画のもとで、ベクトルをあわせて重点指向で達成していく活動」と定義されている。このことから、方針管理には方針の策定に加えて、その展開(ブレークダウン)が含まれていることがわかる。さらに同規格には「方針展開／方針の展開」の項目があり、そこには「上位の重点課題、目標及び方策を分解・具体化し、下位からの提案を取り込みながらすりあわせを行い、下位の重点課題、目標及び方策へ割り付ける活動」とある。この定義によれば、下位の組織の方針は、上位組織の方策から導き出されることになる。上位組織の方策が、下位組織の目標となって展開されていくのである。このように、方針がトップマネジメントから第一線の組織までつながっているため、「目標と方策の連鎖」と呼ばれることもある(図 5.1)。

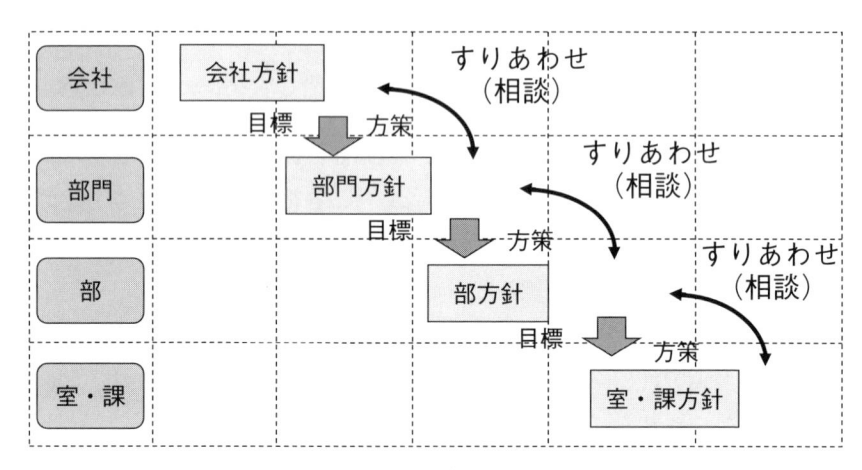

図 5.1　方針展開の例(目標と方策の連鎖)

方針の展開は、基本的には上位から下位への流れとなるが、その定義にある「……下位からの提案を取り込みながらすりあわせを行い、……」の部分に十分留意しなければならない。下位組織の今までの取組み結果やリソーセス配分

などの実態、実情を考慮したうえで、具体的な実施事項を相談しながら決めていく必要がある。一方的な上意下達は、強制力のある規則や規制では、ある程度その効力を期待できるが、方針の展開では、ほとんどの場合うまく機能しない。したがって、日頃から上位と下位、関係部署間などでのコミュニケーションが、どこまでできているのかが問われることになる。特に、問題解決ステップにおける「現状把握」が組織として正しく認識され、共有できていることが重要となる。

　方針の展開では、もう一つ重要なことがある。目標と方策が連鎖するためには、問題の要因解析ができていなければならない。上位の方策が目標となり、その実現のための取組みが自職場の方策である。したがって、方策は要因解析によって導き出された真因に対する具体的な取組みでなくてはならない。

　例えば、上位(部)方針が「(ある)経費の30%削減」だったとする。よくあるケースとして、それを受けた下位組織である室・課も、同じように「経費30%削減」を方針として掲げてしまうのである。さらには、そのまた下位の組織も同様となり、極端なところでは、個人のテーマも同じ「30%削減」となってしまう場合もある。これでは、上位組織の目標を達成することはほとんど不可能といえる。なぜなら、これは俗にいう「丸投げ」であり、何も考えることなく上位方針を書き写しているだけだからである。

　では、ここでは何が不足しているのだろうか。方針とは企業・組織の問題解決であることを認識すれば、やるべきことは自ずと見えてくるはずである。特に「現状把握」と「要因解析」が重要となる。上位組織として目指す姿は経費の削減された状態であるが、現状の経費の消費状況と目指す姿との間には乖離がある。そこで、消費状況の分析から始まることになる。費目別、下位の組織別、消費時期の影響など、さまざまな切り口が考えられる。こうした分析から、どのようにすれば30%削減することができるのかを考える。例えば、ある下位組織に消費が集中しているのであれば、その消費実績から費用対効果で減らせるものがないかを検討する。同じ費目のものを複数の下位組織で扱っているのであれば統合してトータルで減らせないか検討する。取引先や購入品の

レベルを見直すことで費用削減を図るなどである。

現状把握、要因解析がしっかりできれば、実行可能で具体的な方策（対策案）もたくさん出てくるはずである。方針の展開（ブレークダウン）とは、要因解析そのものといえる。

「方針管理」の定義には、方針の策定と展開が含まれているが、これらを実行するための運営も重要な役割を担っている。一般的に、こうした全社的な運営管理を含めて、「方針管理」と位置づけているところが多い。

5.2　方針の一人ひとりへの展開

方針の一人ひとりへの展開の例を図5.2に示す。

会社として目指す姿を明確にした後、現状の姿とのギャップをなくすことが方針管理である。前述のように、現状把握、要因解析にもとづいてブレークダウンが行われる。また、すりあわせを通して、各部署のなすべきことが具体化されていく。さらにそれぞれの職場では、上位方針を受けて一人ひとりの実施

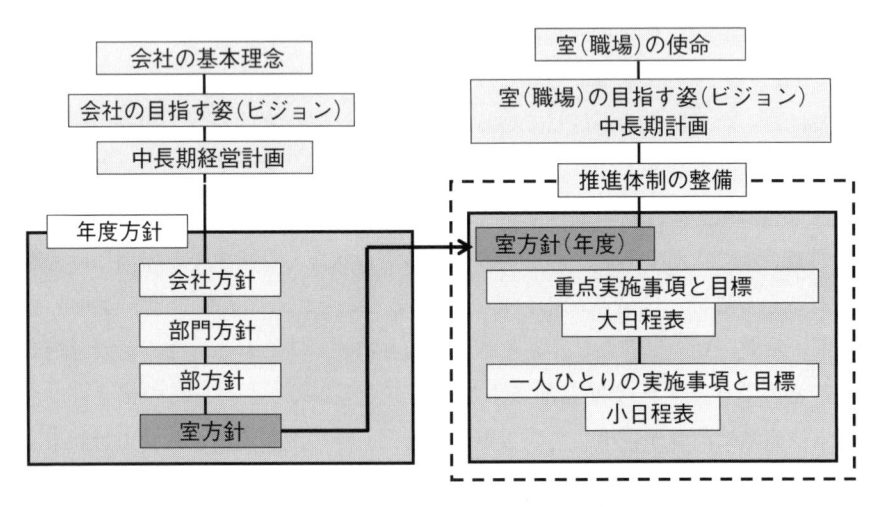

図5.2　方針の一人ひとりへの展開（例）

5.2 方針の一人ひとりへの展開

事項にまでブレークダウンされる。そして、一人ひとりは、なぜその事項を実施する必要があるのか、よく理解、納得しなければならない。その際、**第3章**でも述べたように、職場の使命についての理解、ビジョンの共有ができていることが、前提となってくる。これが十分できていないと、「なぜこの忙しいときに」「なぜ今やるのか」「他部署のやるべきことでは」など、前向きな気持ちにはなれない。掛け声だけで終わってしまうことも少なくないのである。

このように、方針管理では、方針の実施事項を一人ひとりに十分納得させることが極めて重要な第一歩となる。しかし、日常の業務に追われているところでは、方針にもとづく新たな業務になかなか取り組めない場合が多い。そのため、日常の業務のムダ取りとともに、必要となるリソースの確保にも、あらかじめ計画的に取り組まなくてはならない。

方針の展開におけるその他の留意点を示す。上位方針を受けて、取組み事項

Column 5

ある会社で、方針の展開において「掛け声」だけで「具体策」が出てこないことを「火の用心」と言っているのを聞いて、ある昔話を思い出した。江戸城内で火事が多いので、あるとき、殿様が「火の用心をしっかりするように」と家老に言った。それを聞いた家老が「火の用心」と町奉行に伝え、さらに町奉行から火消組の組頭へ伝わり、最後は、火消人足が「火の用心」と大きな声を張り上げて城内を歩き回ることになった。さて、これで、火事による被害は減るだろうか。本当に減らしたいなら殿様の「火の用心」を受けて、現状把握、要因解析を行い、「防火水槽の充実」「防火訓練の実施」「見回り方法の見直し」などとアイデアを出し続ければ、より効果的で具体的な実施事項が出てくるであろう。

「火の用心」は単なる昔話では決してない。読者の身近なところでも同様なことがたくさん起こっているはずである。

が複数の部署や個人に及ぶ場合は、上位方針と自部署の取組みの整合性を、関係部署も含めて事前に確認しておかなければならない。下位組織の方策(実施事項)をすべて完遂できれば、上位組織の目的が達成できることを検証しておく必要がある。よく野球にたとえられるが、三遊間のイージーなゴロを確実に処理できるようにしておくことが重要なのである。

さらに、企業の外部にいるお客様(顧客)と企業の内部にいるお客様(社内顧客＝後工程)との区別も重要である。企業の成長は顧客に価値を提供して初めて実現できる。社内の後工程にどのような価値を提供しても、それが顧客につながっていなければ、意味がないことである。会社は、一人でできないことを大勢が役割を分担して実現することが前提となっている。顧客に提供する価値は顧客から聞くしかないが、社内の役割分担は自分たちで決めるものであり、顧客には関係がない。

そのため、目指す姿の実現を図るために策定された上位方針を複数の部署で受ける場合には、最も効果的・効率的に実施できる役割分担としなければならない。場合によっては、そのために組織の括り方を見直すことも有効である。従来の枠組みのままで役割分担を決めると、不合理・非効率となる場合が多くあることに留意したい。顧客に提供する価値の最大化を図るための役割分担でなければならないのである。

5.3　価値創造と方針管理

"質創造"経営の実践の一つが「お客様の期待に応える新たな価値の創造」であった。そのための方法論として「方針管理」がある。

企業・組織が存続していくためには、お客様に満足いただける価値を提供し続けなければならない。現在提供している価値が満足のいくものであっても、お客様の評価尺度に「ばらつき」「変化」が生じることで、すぐに陳腐化してしまう。そのため、お客様の要求・期待の「ばらつき」「変化」にいち早く気づいて、対応していくことが求められる。

お客様の要求・期待は、日常の業務をとおしてお客様と直接接している、第一線のメンバーが最もよく理解している。B to C の場合は、店員やセールスマン、コールセンターやマーケティング・市場調査の担当者、さらにはお客様の応対部署などである。こうした人たちは、日常的にお客様の声を聞いているが、そこにはお褒めの言葉もお叱りの言葉もある。今後のモノ・サービスに対する要求・期待についても、日常のなかから直接的・間接的に把握できる場合が多い。また、B to B においても、営業部門や企画開発部門、品質保証部門などの担当者は、絶えず顧客の声を聞いて要求・期待を把握している。これが、SDCA（日常管理）サイクルの異常への気づきのヒントや着眼点となる。

新たな価値創造の出発点は、日常の業務のなかにある。したがって、SDCA サイクルがしっかり回っているところでは、異常に対する検出力も高く、お客様の評価尺度に生じる「ばらつき」「変化」への対応も的確かつ迅速に行われる。反対に、SDCA サイクルが回っていない企業、組織では、お客様の要求・期待の「ばらつき」「変化」への対応が的確に行われないことが多い。その結果、競合他社に先を越される、お客様が離れていくなど、次第に業績が落ち込んでいくことになる。価値創造とは、問題発見（日常管理）から問題解決（方針管理）への移行ともいえる。

5.4　価値創造における目指す姿

問題解決ステップにおける現状把握では、目指す姿を明確に表さなければならない。新たな価値創造においても、お客様（後工程を含む）の要求・期待に生じる「ばらつき」「変化」をどのように規定すればよいのかが問われる。通常は今までの延長線上で、ただ単にお客様の要求・期待に対してそのまま対応することが多い。ところが、しばしばお客様の期待を超えた新たな価値が提供されることがある。

自社がお客様に提供する価値にはいくつかのレベルがある。表 5.1 に、その一例を示す。

第5章　方針管理（PDCA）—お客様の期待に応える新たな価値の創造（価値創造）—

表5.1　お客様から見た自社商品の価値（例）

評価レベル	お客様に提供されている価値
レベル5	自社の商品は常に期待を超える価値を提供してくれる。
レベル4	これからも自社の商品を購入し続けたい。
レベル3	自社の商品を購入して良かった（期待どおり）。
レベル2	自社の商品を購入する検討はしてもよい。
レベル1	自社の商品は購入に値しない。

　この例は、お客様が自社の商品を購入しようとする際、もしくは購入した際に、自社の商品が提供する評価のレベルを示している。お客様にとって自社の商品には、まったく価値が認められず、購入に値しないレベルが「レベル1」となる。「レベル2」は、購入の検討はするが必ずしも自社の商品を購入するとは限らない。「レベル3」で、ようやくお客様の要求・期待どおりの価値を提供したことになる。しかし、購入した結果が不満であれば、レベルは1もしくは2へとダウンする。「レベル4」では、お客様は自社を信頼し、今後も購入を継続していく。さらに「レベル5」になると、お客様が自社に対して自らもまだ具体的に考えていない新たな価値を提供してくれることを期待している状態となる。そこには、自社なら何か期待を超えるような価値（商品）を提供してくれるのではというワクワク感が、お客様と自社の双方にある。

　このような価値のレベルは、あらゆる分野にも適用できる。テーマパークを例に、サービス業の場合を考えてみる。レベル1～3までは自明である。レベル4は「お客様がまた行きたい」と思っている状態であり、レベル5は「お客様がまたそこに行けば今までにない新たな価値を享受できる」という期待がもてる状態となる。お客様が期待することによって、お客様の期待に応えるために新たな価値を創り出していくことができるのである。結果として、繰り返し訪れるお客様（リピーター）が多い状態となる。

　レベル5を実現している最も有名なテーマパークは、東京ディズニーランドである。そこには、常に訪れた人々を魅了し続ける何かがある。オリエンタル

ランドのホームページから以下、引用する。

「当社は、東京ディズニーランド開園以来、日本において長年にわたり蓄積してきたソフト・ハード両面のテーマパーク経営ノウハウにより、多くの来訪者数、高いリピーター率を誇る世界にも類を見ないテーマリゾートを築き上げてきました。これこそが、他の追随を許さない競争力を生み出しており、顧客満足度の高い企業として数多くの方々に評価いただいている源泉となっています。」[1]

目指す究極の姿はレベル5の状態である。お客様の期待を超える価値を創り出す方法論は、すでに世の中にいくつか存在するが、ここでは、PDCAとSDCAの観点から考察する。東京ディズニーランドのホームページにもあるように、現在の状態になるまでには長年にわたる取組みがあった。いきなりレベル5が実現できたわけではない。SDCAサイクルを回しながら、常にお客様の要求・期待の「ばらつき」「変化」を把握し、それらに的確に対応し続けてきた結果である。こうした活動をとおして新たなコンセプトが生み出され、常にお客様の期待を超える価値を提供し続けることができているのである。

企業・組織の目指す姿はお客様の声をとおして生み出される。企画段階においては、SWOT分析、ベンチマーキング、世の中の動向調査、アンケート、インタビューなどが行われることが多い。PDCAサイクルで新たな価値を生み出し、SDCAサイクルによって生み出された価値を保証し続ける。こうした取組みを継続することで、お客様の評価をレベル5まで高めていくことができる。

---

[1] http://www.olc.co.jp/ir/advantage.html

5.5　中小企業の現状と目指す姿

　中小企業診断士が中小企業を診断した結果を企業診断報告書としてまとめている。そこには、現状の姿を踏まえたうえで取り組むべき事項(改善提案)が記載されている。中小企業では、3〜5年先の目指す姿が明確になっているケースは少なく、中長期計画を作成しているところも少ない。いかに当面の売上げを伸ばし、収益の改善を図っていくかに焦点が絞られてしまうのである。あえていえば、こうした収益目標を目指す姿とみなすこともできる。

表5.2　中小企業の取組み事項

業種	会社の概要・状況	診断内容(改善提案)
運送業 (G社)	従業員30名。社長は新たに土地を購入して事業を拡大させたい意向。このための融資を検討中。	計画が社長の頭の中だけにあるため、経営戦略の明確化と中長期計画の策定を提案。現状では融資も受けられない。　　　　　(方針管理)
製造業 (I社)	従業員250名。社長は「自分の言ったことが従業員に伝わっていない」といつも言っている。	すりあわせ(相談)ができていないため、話合いの場を設定することを提案。コミュニケーションの取り方を指導した。　　　　　(風土づくり)
卸売業 (J社)	石油製品の卸。従業員12名。2代目の経営者が経営計画を策定。従業員への説明も実施している。	事業継続のために、従業員も参加した新商品の研究会を新たに発足させることを提案した。　(方針管理)
製造業 (N社)	アルミの鋳造。従業員9名。職人による手作業が中心。不適合品の発生や機械の故障が多い。	2S(整理・整頓)から取り組み、作業の手順や勘所を現場に掲示することを提案した。　　　　　(日常管理)
飲食業 (H社)	従業員15名、パート・アルバイト約100名、10店舗。市場規模が減少していくなかで、M&Aも検討中。	長期的に安定した経営基盤を確立することにより、経営の進路の選択肢を増やすことを提案した。 　　　　　(方針管理)
卸売業 (K社)	建設資材の卸。従業員8名。市場低迷が続き、売上も大幅に減少している。	経費削減など経営基盤の強化と、顧客のニーズに応える新商品の開拓に取り組むことを提案した。 　　　　　(方針管理)

中小企業では、それぞれの事情はすべて異なっているが、どこも少なからず問題を抱えている。実際の企業診断報告書から具体的な改善提案を表5.2に示す。

表5.2の診断内容からわかるように、"質創造"経営の方法論であるTQM（問題解決をベースとした風土づくり、日常管理、方針管理）は、中小企業にも必要とされている。むしろ小回りの利く中小企業のほうが、ひとたび方針が決まればその展開は早い。問題に対する要因解析を行い、対策を立案し、実施することによって、早く成果を上げることができる。中小企業においても問題解決が基本であることに変わりはないのである。

5.6　問題解決の実践

方針の展開とは、組織や個人に問題解決のテーマを与えてその実践を促すことにほかならない。そこで、問題解決の取組み方法（活動）についてまとめたものを表5.3に示す。

表5.3　問題解決の取り組み方法（活動例）

活動の種類（例）	活動のリーダー	対象とする問題	活動の目的	会合の頻度（例）
① プロジェクト活動	役員・管理者、監督者	会社（部門）方針に取り上げた問題（組織としての重要な問題）	方針の確実な達成	月1～2回
② 小集団活動	職場第一線のリーダーもしくはその一歩手前のメンバー	職場で慢性的に発生（再発）している問題	問題解決による目標達成とリーダーおよびメンバーの能力向上	月2～4回 管理・監督者の支援が必要（OJT）
③ QCサークル活動	最小単位の組織のリーダー	メンバーにとって身近な問題	一人ひとりの能力向上と明るい職場づくり	月2回程度 管理・監督者の支援が必要（OJT）

方針は一人ひとりにまで展開(ブレークダウン)されるが、一つのテーマを一つの組織、個人が単独ですべて賄うことは実質的にはありえない。実際は、同じテーマをいくつかの組織または数名で分担することになる。

① プロジェクト活動

　プロジェクト活動は、すべての組織で行われている。組織の長がリーダーとなって関係するメンバーでチームを構成し、組織としての重要な問題(課題)を解決していく。メンバーにはそれぞれ役割が付与され、サブテーマが与えられることもある。活動期間はおおむね6カ月～1年程度、月1～2回の会合が設定される。問題を確実に解決して、方針目標の達成を図ることがこの活動の目的である。

② 小集団活動

　小集団活動は、職場で慢性的に発生(再発)している問題に対して第一線のリーダーを中心に共通の目的をもつメンバーでチームを構成し、その解決に取り組む活動である。活動の目的は、問題を解決して組織としての成果に貢献することだが、それに加えて、リーダーおよびメンバーの問題解決能力を向上させることも狙っている。そのため、小集団活動では管理・監督者の支援が不可欠となる。活動の節目ごとに関心を示して、困り事などがあれば指導・支援を行う。こうしたOJTにより、人材の育成が図られていく。活動期間はおおむね3～6カ月程度、月2～4回の会合が設定される。

③ QCサークル活動

　第3章で述べたとおり、組織の最小単位におけるリーダーとメンバーでサークルを構成して、身近な問題に取り組む活動である。コミュニケーションを重視した全員参加の活動であり、問題解決の実践をとおしてQCの基本を学び、改善のできる人づくりの場となっている。そのため、管理・監督者は、たとえ成果が不十分でも、サークルの頑張りを評価して、感謝の意を示さなければならない。QCサークル活動により、

一人ひとりが働く喜びをもっていきいきと仕事に取り組むことができる。職場の風土づくりに極めて重要な役割を果たしている活動である。

　問題を解決する活動には上記に示した3つのパターンがある。役員および管理者は、これらの活動を上手に組み合わせて組織内に展開しなければならない。その際に最も注意すべきことは、活動の目的である。①〜③ではそれぞれ目的が異なっている。

　①のように成果を重視した取組みでは、成果を出すことがすべてに優先される。では、②、③の活動において目標を達成できなかった場合、どのように対処すべきであろうか。ここで、いきなり「なぜ目標を達成できなかったのか」と問い詰めることだけは避けなければならない。なぜなら、活動に対して節目ごとに管理・監督者の支援が前提になっているからであり、チーム、サークルだけでは解決が困難だからである。まずは取組みに対する頑張りに感謝したうえで、今後に対するアドバイスを行うことが望まれる。こうすることで、一人ひとりが取り組んでよかったと思うことができ、さらに難しいテーマにチャレンジできるようになる。当然、能力も向上していくことになる。

5.7　機能別管理

　機能別管理は、「品質管理用語　JSQC-Std 00-001：2011」では、次のように定義されている。

　「組織を運営管理する上で基本となる要素について、各々の要素ごとに部門横断的なマネジメントシステムを構築して、これを総合的に運営管理し、組織全体で目的を達成していくための活動。
　　注記1　組織を運営管理する上で基本となる要素には、品質、コスト、
　　　　　量・納期、安全、人材育成、環境などがある。」

基本となる要素は、経営における重点管理項目である。これらは、会社方針に毎年取り上げられる項目でもある。例えば(製品)品質では、会社としての(製品)品質目標(目指す姿)を掲げて社内に展開する。方針を受ける部門は全部門となる。そのため、部門間の整合をとりながら、会社としてのパフォーマンスを上げて目標を達成するためのマネジメントシステムが必要となる場合が多くある。また、システムを運営管理するための専任組織が設置されることもある。こうした管理を機能別管理と呼んでいる。安全も同様である。会社として災害の発生を撲滅するという方針が出された場合、取組みを行うのは全部門である。安全活動のベストプラクティスやヒヤリハット情報などを部門間で共有することの効果は大きい。また、全社共通のイベントによる活動の盛上げも重要な取組みで、こうした活動を推進する組織も作られる。

■機能別管理の留意点

しかし、そもそも論として、本当に機能別管理が必要なのかどうかをいつも考えておかなければならない。お客様に提供する価値を生み出すことに直接的に関与しているプロセスを基幹プロセスというが、この基幹プロセスを担っている部門や組織が、自らの使命や役割を正しく認識して、やるべきことを完遂できれば、おそらく機能別管理は不要となる(理想論かもしれないが)。なぜなら、あくまでも会社方針達成のための手段の一つとして機能別管理があると考えるからである。したがって、製品品質や安全への取組みが日常管理(SDCAサイクル)で完結できていれば、会社方針に取り上げる必要もなくなる。

機能別管理のやり方は、会社の規模によって異なる。大企業では会社方針が一人ひとりまでなかなか浸透しない。そのため、重点管理項目については、機能別管理を導入する場合が多い。一方、中小企業では、取り組むべき問題もより具体的であり、既存の枠組み(基幹プロセス)のなかで十分展開できる場合が多い。こうしたところでは、わざわざ機能別管理を導入しなくても、通常の方針管理の範疇で新たな価値を生み出していくことができるのである。

機能別管理に取り組む際には、その必要性についてまず確認しておかなけれ

ばならない。必要となった場合でも、会社方針を受けて、あらかじめ問題と取組み事項を明確にしておく必要がある。取組み内容に応じて運営管理を担う専任組織については、その必要性も含めて、規模や体制の最適化を図っていく。

あくまでも機能別管理は一時的なものとして位置づけるべきものだが、専任組織がひとたび設置されると、そこにいわゆる"慣性の法則"が働き出してしまうことに、十分留意しなければならない。無意識のうちに組織の存続を図る力が生じてくる。そうなると、機能別管理をすること自体が目的化してしまう。会社方針の目標が達成され、日常管理に落とし込まれた後も、新たな活動が上乗せされてしまうことが起こりうる。その結果、お客様に提供する価値のレベルアップにつながらない取組みでも、展開されてしまう危険性があるのである。

5.8 方針の点検

方策と目標について、実施および達成状況をあらかじめ設定した時期(一般的には半年ごと)に点検する。方策は実施計画に対する実績を、目標はその達成度を確認する。ここでも、問題解決ステップの効果確認で述べたのと同様に、4つのパターンが考えられる。

① 方策を計画どおり実施し、目標は達成した。
② 方策を計画どおり実施したが、目標は達成できなかった。
③ 方策を実施しなかったが、目標は達成した。
④ 方策を実施せず、目標は達成できなかった。

①は計画どおりに目標が達成されているため、点検の際には、それぞれの方策の寄与度を把握する。これにより、今後期待を超えた成果が得られる可能性も出てくる。さらなるレベルアップにつながっていく。

②は要因解析が不十分だった可能性がある。方策の予想効果と実績の差異をよく分析しなければならない。また、お客様の要求・期待に「ばらつき」「変化」が生じたかどうかの検証も重要である。世の中を取り巻く環境の変化が激

第5章　方針管理(PDCA)―お客様の期待に応える新たな価値の創造(価値創造)―

しいため、方針を立案した時点では最適と判断された方策も、実行時点では十分な効果が期待できなくなってしまう可能性がある。そのため、お客様の変化に柔軟に対応していかなければならない。

　③は論外であるが、よくあるケースでもある。また企業・組織にとって、もっとも危うい状態を招くことになる。何もしないで目標が達成されてしまうと、そこからは何の知見もノウハウも得られず、後進に残すものも何も生まれない。努力しなくても結果が出ていることで、SDCA・PDCAサイクルが回らなくなる。そして、いずれ結果が出なくなり業績が落ち込んでくると、その原因を自然災害、金融政策、円高、株安などといった要因に求めてしまう。こうなると、もはや嵐の過ぎ去るのを待つしかない。過ぎ去るまでもちこたえられない場合は、最悪の結果が待っている。こうならないよう、いかなる場合でも、自分たちの知恵で道を切り拓いていく努力を惜しんではならない。

　④は自明である。こうしたことが続くようであれば、方針管理そのものをやめたほうがよい。時間のムダである。

　方針の点検は通常組織の階層ごとに行われる。図5.2の例では、部門方針の点検者は社長となる。以下同様に、部方針は部門長、室方針は部長へと続く。いずれの場合も、点検者と被点検者は、目標と方策を上記①～④の分類にもとづいて点検を行うことが望ましい。そのうえで、今後の対応について検討する必要がある。

　社長が点検を行うことを、特に「トップ診断」と呼ぶことがある。会社方針の展開状況、実施状況を部門ごとにトップ自らが現場に行って確認することを指す。この際には、対象となる部門の関係者だけでなく、全役員が参加することが望ましい。「トップ診断」による効果がとても大きいためである。このやり方は、まず第一線のメンバーが働いている最前線の現場をトップ自らが全役員とともに訪れ、現場の声を直接聞き激励することで、第一線のメンバーおよび管理・監督者のモラールアップが期待できる。そして、現地現物で今何が起こっているのか、どのような状態なのかをトップ自ら確認することで、経営としての現状把握と要因解析が進み、これからの対策の方向性を全役員とともに

2013年度　会社方針　　○年○月○日発行

社長の思い
売上を増やしたい
社員が元気にいきいきと働ける会社にしたい

会社の使命・ビジョン	会社を取り巻く環境変化（SWOT分析）
自社商品の提供を通してお客様のお役に立つとともにクリーン技術で社会に貢献する	社員の能力は高い、チャレンジ意識は低い お客様の環境意識の高まり 競合他社が値引きを始めた

					点検時記入（1年後）		
No.	目標（目指す姿）・時期	具体的取組み事項	担当部門	関連組織	実施結果	評価	今後の対応
1	○○商品の売り上げを10％増やす	お客様満足度の向上（5ポイントアップ）	品質保証	開発、営業、サービスなど	前年比2ポイント上昇	△	残存課題の次年度解消
		原価低減10％	設計、製造	調達、品質保証	原価8％低減	○	次年度に目標達成
		広告・宣伝活動の拡大（認知度20％アップ）	営業	総務、経理、設計など	認知度変化なし	×	方策の抜本的な見直し
2	従業員満足度の向上（5段階評価で0.5ポイントアップ）	社長との懇談会の開催（社員全員を対象）	人事	全部門	前向きな意見が多数出た	◎	出された意見のフォロー
		優位性のある給与体系、福利厚生の充実	人事、総務	経理	計画達成率100％	○	計画の継続実施

図5.3　方針書（会社方針の例）

共有できる。「トップ診断」は、会社ビジョン、年度方針の目標達成のための必要不可欠な仕組みとして位置づけることができる。

　方針書の例を図5.3に示す。点検時に確認すべき事項として「実施結果」「評価」「今後の対応」の3つがある。この実施結果については、担当部門が関連組織の実施結果も含めて取りまとめる。会社の方策（具体的取組み事項）に対してその取組み結果と成果、および当初計画（スケジュール）に対しての遅れ・進みを明らかにしなければならない。近年、実績が記入できるスケジュール表を作成することが少なくなったが、常に進捗状況を把握できるツールを工夫して

共有することが重要である（図 4.8 を参照）。

実施結果にもとづく評価は必ず行われなければならない。一般的には◎○△×の 4 段階で表される（表 5.4）。

表 5.4　評価レベル（例）

◎	目標を上回る期待以上の成果が得られた。
○	目標どおりの成果が得られた（達成率の目安 80 〜 100%）。
△	一部は達成できたが、未達成もある（達成率の目安 20 〜 80%）。
×	ほとんど成果が得られなかった（達成率の目安 20% 以下）。

ある組織では、実施結果の報告はあったが、それに対する評価がまったく行われていなかった。やったことだけ（やったやった）の報告であり、今後の対応にまったくつながっていかない。その時点では一見よくできたと錯覚してしまうが、その後の取組みがうまく進むのかどうかは不透明である。良くも悪くも、評価は自らが自らの今後のために行うべきものである。決して、上司による人事考課のためのものであってはならない。

また、評価者は他の関係者に配慮するあまり評価をしたがらない。自分自身も含めて責任の所在を明確にすることを避ける傾向にある。方針管理はお客様の要求・期待に応えて新たな価値を生み出すものである。実施結果を正しく評価しなければ、いつまでもお客様の要求・期待に応える価値は生まれない。内輪の論理が優先される企業・組織は、いずれお客様が離れ、衰退への道を歩むことになる。

今後の対応は方策の実施結果および評価にもとづいて検討されるが、必ずしも従来路線の延長だけが選択肢ではない。取り巻く環境の変化や要因効果の寄与度などに応じて、今後なすべきことを抜本的に見直すことも視野に入れておくべきである。思い切った決断をするためにも、正しい評価は欠かせないといえる。

目標管理と方針管理はよく混同される。目標管理では、目標の達成を管理するための評価尺度(管理項目)を用いて主に評価が行われる。したがって、方策の実践度についてはあまり重視されない。また、それぞれの組織や個人の目標設定が個別に行われるため、個々の目標が達成できても、全体としての目標が必ずしも達成できるとは限らない。上述のように方針管理では、方策の実践度と結果指標である目標の達成度の両方で評価する。さらに方針の展開では、上位組織の目標を下位組織の方策と連鎖させることで、全体としての目標が達成できるようにしている。方針管理は、プロセス重視に加えて組織としての一貫性を確保できる優れた仕組みといえる。

5.9　標準化と管理の定着

　方針の展開により新しい価値が生み出されるが、その価値に対するお客様の評価を確認しなければならない。お客様に提供できる価値が期待どおりまたは期待を超えるレベルであれば、新たな価値を保証するために標準化が必要となる。しかし、提供を開始した初期の段階では、多くの不具合が発生する。そのため、SDCAサイクルをしっかり回して、日常管理として定着できるまで取り組まなければならない。ここまで実施して、ようやく新たな価値をお客様に提供できるようになったといえるのである。

　例えば、工程改善による生産のリードタイム短縮を方針に取り上げてプロジェクトチーム活動により実現できたとする。生産性が向上し、納期の短縮が図られ、お客様からの評価も良くなった。しかし、実際の作業現場では、新たな作業方法に不慣れなこともあり、やりにくいという声が多く出ていた。そのため手直しも発生して、現場の作業が乱れることも多かった。このような新たに発生した問題に対して的確に対処していかなければならないが、このことは現場の問題だとして、プロジェクトチームを解散してしまうケースが多い。そこで、現場では新しい工程と作業の完成度を上げて、定着化を図ることになるが、場合によっては元の状態に戻してしまうこともありうる。新たな価値を生

み出してそれを定着させ手の内に収めるまでが、方針管理である。

　ある自動車メーカーの新車開発を例に、新たな価値を生み出す際の留意点について考えてみよう。新車の開発では、その都度、開発責任者を任命する。開発責任者は企画構想段階から車をお客様に届けるまで、一貫して開発のマネジメントを担うことになる。開発責任者にはさまざまなタイプがあり、車も個性豊かな商品となっている。

　ある日社内で、開発責任者のＡ氏が担当した車は、販売を開始した後の不具合が他の車に比較して少ないことが話題となった。そこで、Ａ氏がどのようなマネジメントを実践しているのかを調査した。その結果、Ａ氏は以下のことを常に意識して開発を進めていたことが明らかになった。

　①　３つの行動指針に常にこだわり、実践し続けた（Ａ氏のリーダーシップ）。
　　・見える化：わかりやすい表現、説明
　　・ほう／れん／そう：Bad News First
　　・危機管理：常にNGになったことを想定した対応策を考える癖
　②　行動の前に作戦（企画書）を立てた。
　　　サブテーマごとに、「どう仕事を進めるのか」「具体的な目標（どういう状態が達成できたら完了するかの定義）」「役割分担」を後づけでなく事前に作成し、関係者と共有した。
　　　企画書を作成するプロセスで関係部署間での face to face コミュニケーションが図られ、上手に進む段取り、ゴールのイメージが形成され、みんなでやろうという協力体制が醸成された（大部屋活動）。
　③　品質№１の旗を開発初期に掲げ、強力に振り続けた。
　　　品質に関する取組みについて企画書として具体的な行動計画を立案し、関係者に何度も説明した。

　新車の開発という、開発責任者が描く目指す姿は、関係部署の実施事項へとブレークダウンされていく（方針管理）。そして、大部屋活動によりそれぞれの実施事項や進捗状況が明確となり、全体最適の視点から協力体制も生まれ

る。また、日々の業務で異常が発生した際にも、コミュニケーションがすぐにとれ、的確な対応がその都度実施できる環境が整備されていたといえる（日常管理）。しかし、ここで最も重要なことは、開発責任者A氏の熱き思いとリーダーシップ、人柄であり、このことが、新車の不具合件数の低減につながったと考えられる（風土づくり）。

　対象が何であろうとも、新たな価値を創出するためには、こうした努力の積み重ねが不可欠であり、それにより、初めて実現可能となる。ここに、"質創造"マネジメントの本質を見出すことができるのである。

第5章のまとめ

- 「方針管理」とはトップマネジメントによって表明された方針を、全部門・全階層が「PDCAサイクルを回すこと」により達成していく活動である。
- "質創造"における「お客様の期待に応える新たな価値の創造」の方法論として「方針管理」がある。
- 方針はすべての関係する部門に展開される。方針の展開は要因解析の結果にもとづいて行う。上位組織の方策が下位組織の目標となってブレークダウンされていく。「火の用心」とならないように注意しなければならない。
- 中小企業においても、質創造の実践のためにTQMの活用は有効である。問題解決がすべての基本であることに変わりはない。
- 方針の点検では、方策の計画に対する実績と目標に対する結果を自らが評価しなければならない。これはお客様の期待に応える価値を生み出すために行うのであって特定の部門や個人を評価するためのものではない。
- オープンな組織風土および日常的にSDCAサイクルを回すことで、初めて新たな価値の創出が実現可能となる。質創造の本質はここにある。

第5章の演習問題

現在、あなたが最も重要と思う会社、組織の解決すべき問題について、その内容および解決のために実施しなければならないことを挙げてください。その際、実施中のものとこれから実施予定のものに分けて記入ください。そのうえで、問題が解決できる可能性はどれくらいあると考えられますか？

［重要な問題］

［解決するために実施すること］
　（実施中）

　（実施予定）

［問題の解決できる可能性は？］
　　　　　　　　　　（％）

第6章 マネジメントの全体像

6.1 マネジメント体系

　企業・組織が持続的に成長していくためには、次の3つの実践が不可欠である。

① 一人ひとりの品質意識の向上
② ばらつき・変化への的確な対応
③ お客様の期待に応える新たな価値の創造

　本書では、これらをまとめて"質創造"と呼び、質創造実践のための方法論がTQMであるとした。問題解決をベースとして、風土づくり、日常管理、方針管理に取り組むことで、持続的に成長できる。第2章から第5章では、それぞれのマネジメントの要素について解説してきたが、これらの方法論には密接な関係性がある。そこで、マネジメント体系としてその関係を整理した（図6.1）。

　マネジメントの基本は問題解決である。第2章で述べたように、このなかには問題解決ステップ（QCストーリー）とQC七つ道具などの解析ツールの活用が含まれる。これらを総称して、一般的に「QC的ものの見方・考え方」と呼んでいる。

　トップから職場第一線のメンバーまで、組織に属するすべての人が問題解決の基本を理解して、常に実践する必要がある。そのためには、まず経営者、管理者が自ら学び、そして、全員が学び、実践できる場を確保し、提供しなければならない。QC的ものの見方・考え方を組織のなかに共通言語として浸透さ

第6章 マネジメントの全体像

図6.1 マネジメント体系

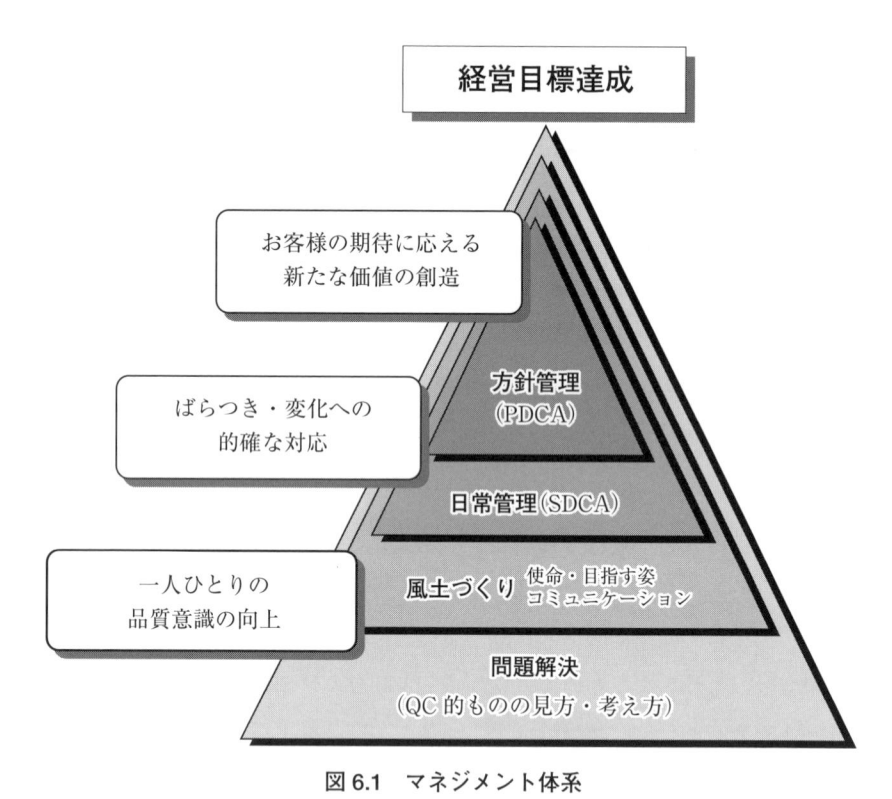

せることで、組織の価値観が形成され、一人ひとりの行動が規定されていくのである。これがマネジメントの第一歩である。

続いて、**第3章**で述べた風土づくりに取り組む。組織としての使命、目指す姿を明確にして全員と共有する。また、何でも言える職場の風土をつくるために、コミュニケーションを図るための仕組みや道具を整備する。そして何よりも、経営者、管理者が自ら率先垂範して部下、メンバーと積極的に話し合う必要がある。一人ひとりの品質意識を高めることの重要性を認識しなければならない。

こうして、日常の業務を遂行していく環境が整ったことになる。日常業務には、すでに標準が整備されている業務、これから標準を決めて行う業務があ

る。日常業務では、

❶　仕事の目的・目標
❷　仕事のプロセス(工程)
❸　意思決定に必要となる要件(判断基準)

の3つを明確にしておく必要がある。そのうえで、**第4章**で述べた日常管理(SDCAサイクル)の仕組みづくりに取り組まなければならない。業務の維持向上を図るとともに、いつもと違う「異常」に気づくことが求められる。「要因(4M)」「評価尺度」に生じる「ばらつき」「変化」に的確に対応して、お客様に提供している価値を保証し続けること(品質保証)がその目的となる。

最後が、**第5章**で述べた方針管理である。組織として目指す姿に到達するために、方針管理の仕組みを構築しなければならない。中長期の経営計画にもとづいて年度方針を策定し、下位の組織に展開、一人ひとりの実行計画に落とし込む。また、日常管理(SDCAサイクル)のなかから発見された問題に対しては、改善・革新に取り組む。そのために、組織として問題解決のための活動(**表5.3**)を仕掛けていくことになる。

いずれもPDCAサイクルを回すことでお客様の期待に応える新たな価値を生み出すこと(価値創造)ができる。また、こうした活動を通じて、OJTによる人材の育成に計画的に取り組んでいかなければならない。

質創造の実践は、以上のようなマネジメント体系にもとづいて行われる。改めて**図6.1**を概観しておく。すべての基本は問題解決である。この考え方、手法が共有できていない組織では、質創造は成り立たない。そのうえに風土づくりがある。目指す姿を明確にするなど、一人ひとりの意識、意欲を高めていく。ここまできて、初めて日常管理(SDCA)のサイクルを回すことができる。標準(決め事)からスタートすることで、異常に気づくことができる。問題が顕在化されることで、改善(PDCA)につながっていく。「標準なくして改善なし」「SDCAなくしてPDCAなし」である。

そして、目指す姿とのギャップをなくすために方針管理がある。PDCAサイクルを回して、改善・革新を行うことにより、目指す姿に近づいていく。こ

こで、革新(イノベーション)の位置づけについて考えておく。PDCA は改善・革新のためのマネジメントサイクルであり、革新においても基本のサイクルは改善と同じといえる。しかし、**5.9 節**で述べたように、革新ではむしろ管理を定着させることが難しい。なぜなら、定着に至るまでに、小さな改善の積み重ねが必要となるからである。質創造を提唱された髙橋朗氏は、「改善なきところ革新なし」という言葉を残された。革新・イノベーションの本質を表した名言といえる。

経営者、管理者は質創造が実践できる環境整備に取り組み、その時々の状況に応じて、最もふさわしい活用方法を検討して、組織の全員に浸透、展開していくことが望まれているのである。

6.2 経営者、管理者が特に留意すべきこと

これまで、各章ごとに経営者、管理者の役割を述べてきたが、ここでは、特に留意しなければならないことを 2 つ挙げる。

(1) 正しい情報にもとづいた意思決定

経営会議は経営レベルの意思決定を行う場である。ここでは、さまざまな重要問題に対して、その解決の方向性が議論される。そのため、現場、現地で実際に起こっていることや取り巻く環境の変化を正しく把握して、出席者が共有しなければならない。すなわち、データにもとづいた正しい情報が必要とされるのである。

このための有効なツールが QC 七つ道具である。現場の問題はもちろん、経営レベルの問題に対しても、今何が起こっているのかを的確に表してくれるのが QC 七つ道具である。しかし、それらを活用するのは人である。したがって、ここで必要とされるのが、QC 的ものの見方・考え方である。このことは、情報をまとめる(報告)側だけでなく、その情報にもとづいて意思決定を行う側にも当てはまる。

日本の品質管理の先駆者であり、多くの企業を指導された朝香鐵一先生が書かれた『品質月間テキスト373　品質の原点にかえり先駆者の知恵に学ぶ』（品質月間委員会、2010年）のなかに、「経営者が部課長に報告させる際の注意事項」という項がある（以下に引用する）。

　「……実際に、社長の前で正しくQC的センスを持って発言できる部長が少なく、トップの判断をあやまらせるような発言がしばしばである。…（中略）…したがって、役員がまずQC的センスを身につけることであり、部課長からの報告に対してはQC的に判断できるようにならなければならない。」

　朝香先生は2012年の年末にご逝去された（享年98歳）。先生はお亡くなりになる直前まで、「役員は経営トップに正しい情報を伝えなければならない。皆さんが要である」と、多くの役員を叱咤激励されていた。謹んでご冥福をお祈りしたい。

(2) 部下の能力を高めて、その能力を最大限引き出す

　「企業は人なり」である。「従業員満足(ES)なくしてお客様満足(CS)なし」「ものづくりは人づくり」ともいう。従業員を大切にしない企業は成長できず、衰退の道を辿ることになる。

　経営者、管理者にとって、部下の育成は極めて重要な役割である。教育による知識習得の場の提供、OJTによる実務能力向上など、全従業員を対象として計画的に取り組んでいかなければならない。しかし、多くの知識や優れた能力を身につけても、それらを自らの業務で活かさなければ何の意味もない。そのため、業務に対する前向きな取組み姿勢が必須となる。品質に対する意識を高め、業務に意欲的に取り組んでいるとき、こうした知識、能力が発揮される。反対に、どんなに多くの知識や優れた能力を身につけても、意識、意欲のない人からは、気づきも改善のアイデアも生まれないのである。

　知識、能力については、ふつう向上させることもそれを維持することもでき

る。しかし、意識、意欲は高まることもあるが、時として大幅に低下してしまうこともある。職場に意識、意欲の低い人が一人いるだけで、その職場の活力は低下し、チームワークもとりづらくなってしまう。その結果、成果は上がらず、お客様からの評価も低下するのである。この影響は大きい。

　そこで、経営者、管理者は、一人ひとりの能力を高めるとともに、**第3章**で詳述した風土づくりの実践をとおして、一人ひとりの品質意識、意欲を高めていくことが必要となる。一般論だけでは済まされず、一人ひとりへの個別対応が必要となる場合もある。自らの思いを語るなど、経営者、管理者の腕の見せどころともいえる。経営者、管理者は、部下の能力を高めるとともに、その能力が最大限発揮できるように、環境整備に取り組まなければならないのである。

　具体的には、問題解決活動にリーダーもしくはメンバーとして参画することで、その能力が発揮されることが多い。本来の業務遂行に追われてなかなかできないという経営者、管理者は多いが、職場には常にSDCA・PDCAサイクルが回っており、これらの実践と人材の育成を組み合わせることは、十分可能である。

　人材育成の一環と称して、実務から離れた個別テーマを与えて取り組ませることがよくある。しかし、これでは業務上の成果が出ないため、せっかくの取組みもあまり評価されない。その結果、意欲も低下して、やらされ感を感じてしまうため、育成の効果も期待できなくなる。経営者、管理者は、部下が問題解決活動に取り組む際には、そのテーマ選定に関与し、対象となる部下の現在の知識、能力のレベルに応じたテーマを選定することが重要である。部下にとって、やさしすぎても、難しすぎても、効果は小さい。少し背伸びすれば手が届くというテーマの選択が望ましい。

　また、部下にテーマを与える際に、経営者、管理者は、自らの仮説、すなわち腹案をもって臨まなければならない。自身でもまったく目処のつかない問題を、そのまま部下に展開することは好ましくない。これでは、適切なアドバイス（支援）も行えず、問題解決活動が進むとは思えない。

表 6.1 に部下の能力を引き出すために必要となる経営者、管理者の実施事項を示す。

表 6.1　部下の能力を引き出すための実施事項

実施事項	関連する章
① 問題解決ステップ、QC 的ものの見方・考え方を教育する	第 2 章
② 自らの熱き思いを伝える	第 3 章
③ 仕事の意義・目的を部下と共有する	第 3 章
④ コミュニケーションの図れるオープンな職場づくり	第 3 章
⑤ 自らの仮説をもって、部下に問題解決テーマを付与する	第 5 章
⑥ 部下が能力を発揮して達成感を味わうことのできる場を提供する	第 5 章

経営者、管理者のなすべきことはたくさんあるが、上記の(1)と(2)の2点については、常に留意しておく必要がある。つい目先の業績に目が奪われがちとなるが、これらを疎かにすると、いずれ業績に大きなダメージを与えることになる。これらは経営者、管理者の最も重要な役割であり、質創造の実践には欠かせないことである。

6.3　持続的な成長に向けて

(1)　労働生産性の国際比較

日本生産性本部が毎年公表しているデータのなかに、労働生産性の国際比較がある。労働生産性(付加価値労働生産性)とは「労働者がどれだけ効率的に成果を生み出したかを定量的に数値化したものであり、労働者の能力向上や効率改善に向けた努力、経営効率の改善などによって向上する」と記されている。

「日本の生産性の動向　2012 年版」[1]（日本生産性本部ホームページ）によると、2011 年の日本の名目労働生産性は 748 万円で、OECD 加盟 34 カ国中 19

---

[1]　http://www.jpc-net.jp/annual.trend/

位であった。またこの値は、3位の米国の約7割である。製造業だけに限ると、OECD加盟主要24カ国中6位ではあるが、これも米国の約7割に留まっている。1995年の同じ調査で、日本の製造業の労働生産性は世界No.1であったことを考えると、いわゆる「失われた20年」を経た今日の日本の製造業は、極めて深刻な状況にあるといえる。

さらに「労働生産性の国際比較 2010年版」[2]（日本生産性本部ホームページ）には、主要産業の生産性対米国水準比が掲載されている（表6.2）。それによると、製造業は70.6%だが、サービス産業では、卸小売は42.4%、飲食宿泊は37.8%、運輸は48.4%などとなっていて、いずれも米国の半分以下の生産性である。そして、「一部を除き、サービス産業の生産性は米国を大きく下回り、立ち遅れが目立つ。」と結ばれている。

表6.2 主要産業の生産性対米国水準比

産業	生産性対米国水準比
製造業	70.6%
電気ガス	61.0%
卸小売	42.4%
飲食宿泊	37.8%
運輸	48.4%
郵便通信	73.2%
金融仲介	87.8%
ビジネスサービス	50.8%

（出典） 日本生産性本部生産性総合研究センター「労働生産性の国際比較 2010年版」より作成

こうなってしまった理由にはさまざまな原因が考えられるが、今まで見てきたように、日本の「品質管理」「マネジメント」が、あまりにも製品品質、つまり製造業の考え方に偏ってしまったことも一因として考えられる。そのた

---

[2] http://activity.jpc-net.jp/detail/01.data/activity001013.html

め、「品質管理」「マネジメント」に対する正しい理解が、今こそ必要である。また、製造業においても、かつての世界一を奪還するために、"質創造"の実践をさらに強化しなければならない。もちろん、サービス産業や中小企業でも、経営の質を高めていくことが急務であることはいうまでもない。

また、「TQM」に対する正しい認識も必要となる。「TQM」は経営の質を高めていくための考え方、道具である。すべての基本が問題解決であり、その実践の数だけ経営目標の達成に近づいていくことができる。そのため、組織の全員で、いかに数多くの SDCA・PDCA サイクルを回すことができるかが、その企業・組織の将来を左右することになる。身近な困り事、悩み事を一つひとつ効果的、効率的に解決していくことが、労働生産性の向上、ひいては企業・組織の持続的な成長にもつながっていくのである。

(2) 学校における問題解決教育

問題解決では、データにもとづいた統計的な考え方が重要となるが、日本の統計教育の実情について触れておく。

2005年当時の中央教育審議会会長に対して、「21世紀の知識創造社会に向けた統計教育推進への要望書」が関係する多くの学会、団体の連名で提出されている。そのなかで、「統計教育が必要とされる背景」が次のように記されている[3]。長くなるが引用する。

「高度情報化社会の深化とともに，私たちの身の回りにはテレビや新聞・雑誌・インターネット等を通して統計資料や調査データから作成されたグラフや表に基づく情報があふれている。とくに情報公開への国民の要望も高く，政府統計を始め種々の情報が公開されるようになってきた現在，身の回りの情報の取捨選択を行いながら私たち国民一人一人が正しい判断や価値選択を行うための適切な教育行政が期待されている。」

---

[3] http://estat.sci.kagoshima-u.ac.jp/cse/statedu/proposition.pdf

「そのためには，小学校・中学校の義務教育の段階から，身の回りのデータに親しみ，資料の収集と分析・結果を解釈しデータで議論するという統計的課題解決の一連のプロセスを繰り返し経験し，統計リテラシィを深める教育体系が必要不可欠である。」

そして、「現状の問題点と国際比較」として、次のような指摘がなされている。

　「統計的知識の国民への普及の重要性は情報化の進展とともに認識されているにもかかわらず、日本での現行の『算数』『数学』の新指導要領（平成10年、平成11年告示）以降、小学校では6年生の"平均"があるのみで『資料の散らばり』など重要な概念が削除され、中学校においても『度数分布』、『標準偏差』、『標本調査』などの統計用語がすべて削除されるなど統計教育は危機的に後退している現状がある。
　これは逆に拡大化の傾向にある先進諸外国の統計教育事情とは相反しており、早くから科学技術促進のエンジンとして数学・統計の重要性を認めている米国やカナダ・ドイツなどの先進諸国は言うに及ばず、国家的な情報化基盤整備が近年著しく進展している韓国や中国においても、義務教育課程での統計教育の比重は大きくなっており、日本の立ち遅れが問題となっている。」

このように、2005年当時、統計教育の重要性と日本の統計教育が諸外国に比べて大幅に遅れをとっていることが指摘されていた。これでは、身近にあるデータを読み取り解析する力を伸ばすことは期待できない。諸外国と比較して問題解決力も相対的に低下し、論理的、合理的な意思決定ができなくなっているのではないかと懸念される。
　小中学校の統計教育が十分でないことから、多くの人は、企業に就職してから品質（QC）教育のなかで統計と問題解決を学ぶことになる。しかし、今まで述べてきたように、「品質（QC）」は製造業、生産現場で活用されるものだと考

えられている。そのため、企業に就職した人でも、製造関係のごく限られた人だけが、勉強しているケースが多い。本来は、すべての人が身につけておかなければならないことなのだが……。

現在、学校における統計教育の見直しが進められている。企業においても、全社員を対象とした統計教育（QC 教育）を実施して、全体の底上げを図っていかなければならない。経営者、管理者の方々には、日本の立ち位置を理解したうえで、統計教育、QC 教育の重要性を認識していただければ幸甚である。

マネジメントに関して、日本は欧米に若干の遅れをとってしまった感は否めない。しかし、日本の新たな成長の萌芽はあちらこちらに見られる。また、国としての成長戦略もまとめられている。

(3)　持続的な成長のために

日本には、われわれの祖先が培ってきた大切なものがたくさん根づいている。日本にある日常の道具の美しさを最初に指摘したのが柳宗悦（1889～1961）である。宗悦は、民衆的工藝の意から、これを「民藝」と名づけた。宗悦は全国を旅して、日本が素晴らしい手仕事の国であることを明らかにした。宗悦が 1943 年に著した『手仕事の日本』では、「元来我国を「手の国」と呼んでもよいくらいだと思います。国民の手の器用さは誰も気附くところであります。」と記している。

さらに、手仕事を機械と比較して次のように述べている。

「そもそも手が機械と異なる点は、それがいつも直接に心と繋がれていることであります。機械には心がありません。これが手仕事に不思議な働きを起させる所以だと思います。手はただ動くのではなく、いつも奥に心が控えていて、これがものを創らせたり、働きに悦びを与えたり、また道徳を守らせたりするのであります。そうしてこれこそは品物に美しい性質を与える原因であると思われます。それ故仕事は一面に心の仕事だと申してもよいでありましょう。」

第6章　マネジメントの全体像

　日本には、心のこもった手仕事が全国に根づいていた。こうした風土、伝統が、高度経済成長を支えていったのである。QCサークル活動に代表される「改善」「全員参加」「チームワーク」などの日本のTQCで確立されたさまざまな特色は、宗悦の提唱した日本の「手仕事」が、その根本にあったと考えられる。

　このように、日本の産業が国際競争力を高めて持続的な成長を実現していくためには、今まで培ってきた強みである「手仕事」をこれからも大切にしていくとともに、問題解決力を高めていくことが求められる。日本のあらゆる企業・組織で問題解決が促進され、それぞれが質創造を実践して持続的に成長することで、日本の国際競争力が高まっていくのである。これがマネジメントの全体像であり、冒頭で述べた「マネジメントとは何か？」という問い掛けに対する本書の答えとしたい。

第6章のまとめ

- "質創造"は、マネジメント体系（図6.1）にもとづいて実践される。経営者、管理者は質創造の実践ができる環境整備に取り組まなければならない。
- 経営者、管理者が特に留意すべきことは、「正しい情報にもとづいた意思決定」と「部下の能力を高めて、その能力を最大限引き出す」ことの2つである。
- 日本の主要産業の労働生産性は、米国に比べて大幅に下回っている。また、日本の学校における統計教育も、諸外国に比べて大幅に遅れをとっている。経営者、管理者はこうした日本の立ち位置を理解したうえで、全員を対象に統計教育（QC教育）を実施し、問題解決力を向上させなければならない。
- 日本にはわれわれの祖先が培ってきた「手仕事」がたくさんある。そうした強みをさらに伸ばし、問題解決力を高めて、質創造を実践することで、持続的成長が実現できる。これが、マネジメントの全体像である。

第6章の演習問題

　あなたが質創造マネジメントに日々取り組んでいるなかで、よくできていると思われる点、あまりできていないと思われる点をそれぞれ挙げてください。そのうえで、今後、持続的成長のために重点的に取り組むこと(マネジメント)を書き出してください。

［よくできている点］

［あまりできていない点］

［今後重点的に取り組むこと］

おわりに

「マネジメントとは何か？」の答えを探し求め続けている。本書の内容はまだその問いに答えるための入口にも到達していないのかもしれない。しかし、それでも踏み台がなければその先も見えてこない。あえて我々が本書の出版に踏み切った理由もそこにある。現実の企業・組織では、多くの人が経営、マネジメントに悪戦苦闘しており、われわれは日々、現場でそれぞれの活動を見て、その現実を肌で感じている。だからこそ、「困り事や悩みを抱えている人たちに少しでもヒントを摑んでもらいたい」と願い、それがかなって本書が誕生したのである。

本書の締めくくりに、以下、監修者・執筆者それぞれから本書に対する思いを記す。

●古谷健夫

本書の構想は2011年の夏に遡る。「経営、マネジメントとは何か」と考えていたときに、髙橋朗氏の"質創造"に巡り合った。まさに天の啓示と思い、ただちに中部品質管理協会の企画委員会で経営の目指す姿を整理したのが出発点となった。その後中小企業診断士の有志による会合が2012年初めよりほぼ毎月開催され、本書の内容がまとまっていき、実務に精通している多くの関係者からたくさんの示唆を得た結果、本書を刊行することができた。改めて関係者のご協力、ご支援に感謝の意を表するとともに、多くの方々に経営、マネジメントを実践するうえで、本書を参考としていただければ、本書に携わった者としてこれ以上の喜びはない。

●岩本伸夫

本書のなかでも述べたが、品質管理活動はマネジメントそのものである。経営者、管理者の方々が品質管理の本質をよく理解し、自らが先頭に立って実践

おわりに

していくことが、企業の成長、発展につながっていく。これは私自身の確信でもあり、約60年に及ぶ品質管理活動の歴史もまたそれを証明している。この事実を踏まえ、今日の日本企業の低迷を考えてみれば、その一因として、品質管理に対する人々の関心の希薄さと知識の不足があるように思える。

中部品質管理協会は設立以来40年が経過した。この40年間、TQMのコアである品質管理教育を推進する専門機関として、企業の管理者、品質管理推進スタッフ養成の一翼を担い続け、今日に至っている。品質管理は、机上の空論ではなく、現実的な実践論である。したがって本書は、トヨタ自動車を始め各企業の荒波のなかで揉まれた実務家が品質管理活動を実践したなかで、特に効果のあった経験を整理しまとめた内容になっている。本書を通じ、多くの読者に品質管理の本質を再認識・再発見していただけたならば、幸いである。

● 犬飼幸雄

管理とマネジメントは何がどのように違うのだろうか。「マネジメント」の和訳を「管理」とする場合が多いのだが、逆に「管理」を英訳すると、一般的には「コントロール」と訳す。つまり、本来、「マネジメント」は「管理」という狭い意味だけにとらわれる概念ではないのだろう。言い換えれば、「現状維持を目指すのか、さらなる向上を目指すのか」が問われているのだ。「継続は力なり」の言葉どおり、こつこつと改善し続けることが改革、革新につながり結果的に大きな成果につながるのだと思う。本書に携わる際、「さらなる向上心をもって生涯現役で社会貢献をするのだ」いう気概をもって臨み、無事、刊行を果たせた。読者の方々も、私以上に向上心をもって何かを果たせるはずである。本書を通じて、常に向上心を持ち続ける重要性を理解してもらえれば、うれしく思う。

● 今西昭一

今日、世の中には、「経営〇〇、管理の〇〇、マネジメント〇〇」という言葉のついている書籍が氾濫している。本書もその1冊だ。他の書籍に比べ本書

は、内容の地味さではトップクラスではないかと思うが、その地味さにこそ他の書籍にはない本書の意義がある。企業の経営支援を行うなかで、経営者の方々とマネジメントについて話し合うと最後には「地道な努力の継続」に行きつく。世間に氾濫するマネジメントのイメージは現実のマネジメントと違う。現実のマネジメントは、決して煌びやかなもの、鮮やかなもの、美辞麗句で語れるものではなく、本書で述べたことをどれだけ「日々、地道に努力していくかどうか」にかかっている。

● 中嶋康成

30数年前に大学の経営工学科の講義で初めて品質管理を学んだ。しかし、今から思うと、そのときの品質管理は顧客の顔の見えない製造現場での品質管理だった。そして今や、経営環境が大きく変わり、グローバル化の時代となった。技術革新のスピードも速まり、顧客の価値観も多様化してくるのに合わせて、品質に対する認識も変わり、製品・サービスの質だけでなく、企業のあらゆる質を高める経営手法が必要とされる時代である。本書にあるように品質とは、「ばらつくもの、変化するもの」である。そうしたばらつき・変化との終わりのない戦いがまさにマネジメントなのである。読者の方々にはこのことを最後に理解してもらえれば、本書の目的は達成できたと思う。

● 中野昭男

私は、多くの支援活動を通じて企業に不可欠な「イキイキ社員」の共通点を5つ発見した。それは、①仕事上や生活における目標があること、②目標達成に向かって相談・共感・協力ができる仲間がいること、③目標を実現するための手段や方法があること、④頑張っている姿を褒められること、⑤成長が実感できることである。これら5つの事項を会社の仕組みに落とし込むのを考えるなら、「方針管理」「日常管理」「風土づくり」「問題解決」の仕組みがうまく活用できる。そして、それには"質創造経営"普及が重要な役割を果たす。つまり、本書を実践することで、私が発見した「イキイキ社員」づくりを通じた元

おわりに

気な企業づくりの一助になるのである。読者の方々には、本書を読むだけでなく、ぜひ実践し、「イキイキ社員」を増やしてほしい。

●水野正勝

　品質を上げればコストは下がる。トヨタ自動車はまさにこれを実践している。「品質を上げるにはどうしたらよいのか」というテーマに一つの道筋を現したのが本書であると思う。本書で何度も述べたが、重要なのは、まずは一人ひとり意識の向上であり、品質の維持・向上の仕組みであるSDCA・PDCAサイクルを回すことである。SDCAは、耳慣れない言葉だったかもしれないが、「標準を作り標準どおりにものを作ることを管理していくこと」は、「標準なくして改善なし」といわれるように改善に必須の行動である。とにかく標準化が改善の第一歩なのである。もしコストを下げたいと思う企業があれば、品質を上げる道筋の第一歩として改めて標準化をお勧めしたい。

参 考 文 献

● 書籍、新聞、論文など

[1] 小柳賢一 編(1950):『Dr. W. E. Deming's Lecture on Statistical Control of Quality』、日本科学技術連盟
[2] W.E.Deming 著、小柳賢一 訳(1952):『デミング博士講義録　統計的品質管理の基礎理論と応用』、日本科学技術連盟
[3] クルト・レヴィン 著、末永俊郎 訳(1954):『社会的葛藤の解決』、創元新社
[4] QCサークル本部 編(1970):『QCサークル綱領』、日本科学技術連盟
[5] 大野耐一(1978):『トヨタ生産方式』、ダイヤモンド社
[6] 村松司叙(1978):『演習　経営管理の基礎』、同友館
[7] 狩野紀昭 編(1983):『品質月間テキスト147　日常管理の徹底』、品質月間委員会
[8] 石川馨(1984):『日本的品質管理〈増補版〉』、日科技連出版社
[9] 柳宗悦(1985):『手仕事の日本』(岩波文庫)、岩波書店
[10] 石川馨(1989):『第3版　品質管理入門』、日科技連出版社
[11] 細谷克也(1989):『QC的問題解決法』、日科技連出版社
[12] ヤン・カールソン 著、堤 猶二 訳(1990):『真実の瞬間』、ダイヤモンド社
[13] 後藤俊夫(1999):『忘れ去られた経営の原点』、生産性出版
[14] 原子力資料準備室 編(2002):『検証　東電原発トラブル隠し』、岩波書店
[15] 川島冽(2002):『1人でも部下・後輩を持った人のためのコミュニケーション力』、すばる舎
[16] 髙橋朗(2004):『デミング賞本賞受賞記念講演録』(非売品)、デンソー
[17] 鈴木和幸(2004):『未然防止の原理とそのシステム』、日科技連出版社
[18] トヨタグループTQM連絡会委員会QCサークル分科会編(2005):『QCサークルリーダーのためのレベル把握ガイドブック』、日科技連出版社
[19] 高野登(2005):『リッツ・カールトンが大切にするサービスを超える瞬間』、かんき出版
[20] 日本経済新聞　2007年6月29日朝刊「事故調最終報告(要旨)」
[21] 久保田洋志(2008):『日常管理の基本と実践』、日本規格協会
[22] 朝日新聞　2008年12月27日朝刊「トヨタ転落のわけ　下」
[23] 古谷健夫、服部泰治(2009):「製造現場における日常管理(SDCA)の徹底」、『日本品質管理学会中部支部第90回研究発表会報文集』、pp.25-28
[24] 加藤雄一郎(2009):『ブランドマネジメント』、日本規格協会
[25] 飯塚悦功(2009):『現代品質管理総論』、朝倉書店
[26] 立石泰則(2010):『「がんばらない」経営』、草思社
[27] 今井正明(2010):『カイゼン　復刻改訂版』、日本経済新聞出版社

参考文献

[28]　朝香鐵一(2010)：『品質月間テキスト 373　品質の原点にかえり先駆者の知恵に学ぶ―先駆者からのメッセージ―』、品質月間委員会
[29]　日本品質管理学会(2011)：「品質管理用語　JSQC-Std 00-001：2011」、『日本品質管理学会規格』、日本品質管理学会
[30]　名古屋 QS 研究会 編(2012)：『実践　現場の管理と改善講座　日常管理［改訂版］』、日本規格協会
[31]　葛谷雄太ほか(2013)：「中部品質管理推進研究会活動報告～製造現場の品質意識把握ツールの作成と活用～」、『日本品質管理学会中部支部第 102 回研究発表会報文集』、pp.13-16
[32]　日本品質管理学会(2013)：「日常管理の指針　JSQC-Std 32-001：2013」、『日本品質管理学会規格』、日本品質管理学会

● Web

[1]　トヨタ自動車ホームページ：「トヨタ自動車 75 年史」
　　http://www.toyota.co.jp/jpn/company/history/75years/
[2]　ダイヤモンド・オンライン：「世界のビジネスプロフェッショナルたち　思想家編」、ダイヤモンド社
　　http://diamond.jp/category/s-bizthinker
[3]　NASA ホームページ
　　http://www.nasa.gov/
[4]　ケーズデンキホームページ
　　http://www.ksdenki.com/corp/
[5]　日本生産性本部ホームページ：「労働生産性の国際比較」
　　http://www.jpc-net.jp/intl_comparison/
[6]　日本工業標準調査会ホームページ
　　http://www.jisc.go.jp/
[7]　中部品質管理協会ホームページ
　　http://www.cjqca.com/
[8]　中部品質管理協会会報誌：「モノづくりは人づくり」、第 4 号、第 5 号
　　http://www.cjqca.com/kaihou/kaihou.html
[9]　日本工業標準調査会ホームページ
　　http://www.jisc.go.jp/
[10]　オリエンタルランドホームページ
　　http://www.olc.co.jp/index.html
[11]　「21 世紀の知識創造社会に向けた統計教育推進への要望書」
　　http://estat.sci.kagoshima-u.ac.jp/cse/statedu/proposition.pdf

索　引

【英数字】

4M　77
5W1H　38
5回なぜ　33
B to B　45
B to C　45
Controrl Chart　17
CS（Customer Satisfaction）　22
ES（Employee Satisfaction）　22
ISO 9001　95
PDCA サイクル　15，27
QC（Quality Control）　14
　――サークル活動　14，57，115
　――サークル活動のレベル把握　59
QC ストーリー　27
QC 七つ道具　31
SDCA サイクル　14，71
SQC（Statistical Quality Control）　17
TQC（Total Quality Control）　14
TQM（Total Quality Management）　14

【あ　行】

アクシデント　50
維持向上　73
異常　70
イノベーション　31
インシデント　50
応急処置　34
大部屋活動　124
お客様第一　20

【か　行】

改善　28，31
階層別教育　98
科学的管理法　15
革新　31
仮説と検証　35
価値創造　10，11，72
管理（安定）状態　78
管理図　17
危機管理　124
企業診断報告書　14
機能別管理　117
決め事　70
業務計画書　89
クルト・レヴィン　64
クロスファンクショナルチーム　56
計画実行　38
原因追究　36
　――のフローチャート　81
現状の姿　25
現状把握　31
現状復帰　34
現地現物　35
現場力　73
効果確認　38
コミュニケーション　48

【さ　行】

最適条件　40
再発防止　34
自工程完結　19，89

147

索　引

質創造　12
"質創造"経営　13
使命　44
シューハート　17
手法別教育　98
条件管理　40
小集団活動　14, 56, 115
真因　34
すりあわせ　106
正常　80
全員参加　20
組織風土　65

【た　行】

対策実行　38
対策立案　37
大日程表　90
絶え間無い改善　20
中小企業　114
通常　80
テイラー　15
手仕事　137
テーマ選定　30
デミングサイクル　5
デミング賞　19
デミング博士　1
統計教育　135
統計的品質管理　2
トップ診断　120
トヨタ生産方式　34

【な　行】

なぜなぜ　33
日常管理　14, 69
　——の自己診断　100

日常業務　69
日本品質管理賞　19
人間関係論　16

【は　行】

ハインリッヒの法則　50
ばらつき　8
ヒヤリハット　50
評価尺度　9
標準　70
　——化　76, 123
　——化と管理の定着　39
品質　6
　——意識　13
　——意識把握ツール　100
　——管理　2, 10
　——教育　94
　——教育の全体像　98
　——保証　10, 12, 72
フィッシャー　16
風土づくり　14
付加価値労働生産性　133
復旧　31
不適合　78
ブレークダウン　106
プロジェクト活動　115
プロジェクトチーム　56
プロセス重視　123
プロセス保証　89
変化　8
　——点管理　78
変更管理　78
方策　106
方針　105
　——管理　15, 106
　——書　121

──展開　106
　　──の点検　119
報連相（ホウレンソウ）　66
ホーソン工場の実験　16

【ま　行】

マネジメント　10
　　──体系　127
マルコム・ボルドリッジ国家品質賞　17
見える化　124
未然防止　78
ミッション　44
ムダ取り　92
目指す姿　25
目的追究　37
目標　106
　　──管理　122
　　──設定　33

問題　25
　　──解決　15，26，71
　　──解決ステップ　27
　　──解決法　27
　　──解決力　138
　　──発見　72

【や　行】

要因　9
　　──解析　33

【ら　行】

流出防止　80
労働生産性　133

【わ　行】

ワーキンググループ　56

著者紹介

中部品質管理協会［編者］
1971年に中部の品質管理推進専門機関として創設。前身は1951年に設立された東海品質管理研究会。企業の持続的成長に資する品質管理（QC）の知識・手法などの学びの場、実践促進の場を提供している。会員会社は、日本ガイシ㈱、トヨタ自動車㈱、㈱デンソーなど中部の有力企業を中心に180社を超える。現在の会長は好川純一トヨタ紡織㈱特別顧問。

古谷健夫（ふるや　たけお）　［監修・執筆］
1954年東京生まれ。1977年東京大学工学部産業機械工学科卒業、トヨタ自動車㈱に入社。鋳造工程の生産準備、エンジン設計、TQM推進などに従事。TQM推進部長、本社工場品質管理部長を経て、現在はTQM推進部主査としてTQMの考え方の普及と実践の支援に取り組む。2011年から中部品質管理協会企画委員長。愛知県中小企業診断士協会正会員。

岩本伸夫（いわもと　のぶお）　［執筆、以下同］
1954年広島生まれ。1977年広島大学工学部経営工学科卒業、1979年広島大学大学院システム工学専攻修了、㈱デンソーに入社。品質管理部に所属し、TQM推進の一環として、全社SQC教育、QCサークル活動推進、事技部門小集団活動（ACTIVE MEETING）推進業務に従事。2012年中部品質管理協会へ異動。事務局長として現在に至る。

犬飼幸雄（いぬかい　ゆきお）
1974年早稲田大学理工学部卒業。ブラザー工業㈱へ入社し、電子ミシン・電子タイプライター・ファクス等の研究開発・設計・製造、環境管理業務に従事。2012年国立豊田高専特命教授。現在は、（公財）あいち産業振興機構技術担当マネジャー、ワンダーキープマネジメントオフィス代表、愛知環境カウンセラー協会理事。中小企業診断士、環境カウンセラー、品質・環境審査員補。

著者紹介

今西昭一(いまにし しょういち)
1960年大阪生まれ、1983年神戸大学経営学部卒業。㈱東海銀行(現 三菱東京UFJ銀行)に入行。以降、融資、企画分野に従事。2011年2月、今西経営労務管理事務所を設立。経営コンサルタントとして、財務・人事労務分野を中心に活動。特定社会保険労務士、中小企業診断士、事業再生士補。2013年4月より愛知県中小企業再生支援協議会マネジャー。

中嶋康成(なかじま やすなり)
1984年東京理科大学理工学部経営工学科卒業。セコム㈱、㈱東海デジタルホン(現 ソフトバンクモバイル)など数社で主に情報通信システムの構築管理、運用に従事。また、キャリアコンサルティング技能士、コーチングの資格を取得し、ハローワークで職業相談業務にも従事するなど、採用関連のコンサルティングが得意分野。愛知県中小企業診断士協会正会員。日本キャリア開発協会会員。キャリアコンサルティング技能士会員。

中野昭男(なかの あきお)
1973年トヨタ自動車㈱に入社。生産設備の保全管理や一般企業向け改善コンサルティングに従事後、仕事の質向上やマネジメントの質向上など人材育成研修や支援に従事。2011年11月、のぞみ経営研究所を設立し、経営コンサルタントとして製造業や物流業を中心にコンサルティングを実施。愛知県中小企業診断士協会正会員。日本ロジスティクス研究会理事。

水野正勝(みずの まさかつ)
1973年名古屋工業大学工学部卒業、㈱ユアサに入社。木質建材・住宅機器の開発・販売・製造・品質管理に従事。2011年4月水野経営支援研究所を設立。経営コンサルタントとして、製造業や建設業を中心にコンサルティングを実施。愛知県中小企業診断士協会正会員。日本中小企業学会会員。

"質創造"マネジメント
TQMの構築による持続的成長の実現

2013年9月26日　第1刷発行
2022年1月25日　第10刷発行

　　監　修　古谷　健夫
　　編　者　中部品質管理協会
　　著　者　古谷　健夫　　岩本　伸夫
　　　　　　犬飼　幸雄　　今西　昭一
　　　　　　中嶋　康成　　中野　昭男
　　　　　　水野　正勝
　　発行人　戸羽　節文

検印省略	発行所　株式会社 日科技連出版社 〒151-0051　東京都渋谷区千駄ヶ谷5-15-5 　　　　　　DSビル 　　電　話　出版　03-5379-1244 　　　　　　営業　03-5379-1238

Printed in Japan　　　印刷・製本　河北印刷株式会社

© Central Japan Quality Control Association 2013
URL http://www.juse-p.co.jp/　　　ISBN 978-4-8171-9492-3

本書の全部または一部を無断でコピー、スキャン、デジタル化などの複製をすることは著作権法上での例外を除き禁じられています。本書を代行業者等の第三者に依頼してスキャンやデジタル化することは、たとえ個人や家庭内での利用でも著作権法違反です。